食べたい分だけしっかりと　簡単に作る

シニア暮らしに
ちょうどいい
2人分献立

岩崎啓子

面倒くさくない
余らせない
元気になる！

シニア2人分献立5か条

その1
食事量はしっかりと。たんぱく質・カルシウム・食物繊維は意識して摂る

夫婦2人のシニア暮らし、食事がなおざりになっていませんか？　若い頃や子どもがいた時は栄養満点の食事を作っていたのに、シニア2人だと食事はあっさり済ませてしまいがち。すると本来は体が必要としている栄養が足りず、加齢による消化吸収能力の低下も加わって、**低栄養や新型栄養失調**と呼ばれる状態に陥ってしまう人も少なくないのです。

栄養は、さまざまな食材からバランスよく摂取するのが理想ですが、とりわけシニアが意識して摂りたいのは、**「たんぱく質」「カルシウム」「食物繊維」**の3つです。たんぱく質は筋肉を作る、シニアに必須の栄養素。カルシウムは骨を強くし、食物繊維は腸内環境を健やかに保つ働きがあります。カルシウムの吸収を助けたり免疫力を高めたりする**ビタミン類**とともに、積極的に摂りたい栄養素です。

また、**糖質もシニアに欠かせない大切な栄養素**。足りないと低血糖になり、脳に栄養が行き届かず、エネルギー不足でパワーが出ません。極端な糖質制限などは控え、1日3回、適量を摂るようにしましょう。

その2

塩分・油脂はほどほどがベスト

塩分は人間の体に必要なものですが、摂りすぎると、高血圧や動脈硬化から血管の病気を招くことに。とくに**日本の食事は、もともと塩分が多い傾向がある**ため注意が必要です。目標とするべき1日の塩分摂取量は、男性が7・5g未満、女性は6・5g未満ですが（＊1）、実際に摂っている塩分の平均値は、男性10・9g、女性9・3gで（＊2）、だいぶ上回っています。年代別にみると、60代の塩分摂取量がもっとも多い、という結果もあります。

塩分を抑えるコツは、**しょうがなどの香味野菜やスパイスを組み合わせること**。味わいに奥行きが出て物足りなさを感じにくくなります。

また、油脂も人間の体になくてはならないものですが、動物性の油脂は摂りすぎると動脈硬化などの脂質異常症を引き起こします。血液をサラサラにする青魚の脂（DHAやEPA）は積極的に摂るようにし、調理に使う油は植物性を選んで1日の使用量は**大さじ1½強**（約20g）を目安にしましょう。

＊1　参考　厚生労働省「「日本人の食事摂取基準（2020年版）」

＊2　参考　厚生労働省「国民健康・栄養調査（2019年版）」

食材100gあたりに含まれるたんぱく質＊の量

豚もも肉（皮下脂肪なし）	18.0g
豚ロース肉（脂身つき）	17.2g
鶏むね肉（皮なし）	19.2g
鶏もも肉（皮なし）	16.3g
鶏ささみ	19.7g
牛もも肉（皮下脂肪なし）	17.1g
さけ（白鮭）	18.9g
ぶり	18.6g
さわら	18.0g
卵（1個〈50g〉あたり）	5.6g
木綿豆腐	6.7g
厚揚げ	10.3g

＊アミノ酸組成によるたんぱく質

出典：「日本食品標準成分表2020年版（八訂）」

その3

毎日頑張らなくて大丈夫。"3日間"で栄養バランスをとればOK

バランスのいい食事を1日1日、きっちりとろうと考えすぎると、心身ともに余裕がなくなってしまいがち。栄養バランスは1日でとるのではなく、**3日間くらいで**とればOK！と少し余裕をもって考えましょう。たとえば肉なら、「あっさりした赤身肉やささみを使った献立が2日間続いたから、残り1日は、脂の多いバラ肉やもも肉を使おうか」、「昨日は外食で塩気が強かったから、今日は減塩メニューにしよう」といった具合です。3日間単位で考えれば、**どこかで偏りがあっても他の日で調整しやすくなり**ますし、そうすることで結果的に、**献立にも味わい的にもメリハリがつきやすく**なります。

　人生100年時代、まだまだ先は長いもの。押さえるべきポイントはしっかり押さえながら、大らかな姿勢で取り組むことが、献立作りを長く楽しく続けていくコツです。

その4

深めのフライパンや電子レンジで手間を省略

食事作りは面倒な手間ナシで手早くパッと仕上げたい。使う調理道具だって少ないに越したことはありませんよね。そんなシニア2人暮らしにおすすめなのは、〝少し深さのある〟フライパンです。具体的には、**直径24cmくらいで、深さが6～7cmほどのもの**。少し深さがあると、炒めものだけでなく、煮ものや揚げものなど**たいていの料理をカバーでき**、何役もこなしてくれます。片手でひょいと取り出せて使える手軽さもフライパンのいいところ。使う調理道具が少なくなれば、そのぶん**洗いものも減り**ます。

調理には、電子レンジもうまく取り入れましょう。電子レンジは、ごはんや飲みものを温めるだけではなく、野菜の加熱調理や魚の蒸し調理も得意。わざわざ**鍋で湯を沸かしたり、蒸し器を用意する手間が省けて時短**になります。

その
5
買い出しは ムダなく
使いきれる3日分ずつ

食材は少しずつ買うよりも、まとめ買いしたほうがやっぱりお得。だからといってたくさん買いすぎると、結局使いきれずに冷蔵庫の奥に入れたままになり、鮮度も栄養もどんどん失われてしまいます。シニア2人なら**買い出しの量は最小限、ムダなく使いきれる3日分ずつがベスト**です。3日くらいなら、ざっくりとした献立の見通しも立てやすいはず。

献立は、**主菜になりやすい肉や魚、卵、そして緑黄色野菜を中心に考え**、それに合わせて買い物します。野菜の摂取目標は毎日３５０ｇ、１食あたり１２０ｇなので、主菜と副菜にたっぷり使うように心がけを。日持ちするキャベツやにんじん、玉ねぎなどはいつもストックしておき、それ以外を買い出しに行くと考えるとよいでしょう。なお、きのこ類はほぐして冷凍保存しておくといつでも使えて便利です。

目次

料理をはじめる前に

- 大さじ1=15㎖、小さじ1=5㎖、カップ1=200㎖です。
- 材料は、皮や種、ヘタなどを取り除く前の分量です。
- 作り方では、野菜の皮やヘタ、種を除く工程は省略しています。
- 加熱時間は目安です。電子レンジの加熱時間は600Wで算出していますが、機種や環境によって異なる場合がありますので、様子をみながら加減してください。
- 材料にある「だし汁」は、市販のインスタントだしを定量の湯に溶かしたもので代用できます。
- 火加減は特に表記のない場合は、中火です。
- 栄養成分の数値は、日本食品標準成分表2020年版（八訂）をもとに算出しています。

材料・作り方 材料と作り方は基本的に2人分で記載しています。

栄養成分 レシピにはそれぞれ、1人分の「カロリー」「たんぱく質」「塩分」などの数値を記載しています。献立名についている【1人分TOTAL】は、基本的にレシピ2品を合算したもので、白ごはんは含みません。

DICED ITALIA
100%

1章

元気になる　余らせない

3日間使いきりの栄養強化シニア献立

シニアの健康維持に欠かせない「たんぱく質」「カルシウム」
「食物繊維」「減塩」。これらを強化できる3日間献立の提案です。
食材を使いきれず余らせがちな人も、
買い物するときに〝3日分〟と決めれば無駄が減らせるはず。
「余らせない」「元気になる」がこれからのシニアのキーワードです。

たんぱく質強化の 3日分まとめ買い

シニアは加齢にともない少しずつ筋肉量が減っていきます。元気な体を保つには、筋肉のもとになるたんぱく質の摂取は必須。厚生労働省の「日本人の食事摂取基準（2020年版）」でも十分な量を毎日摂ることが推奨されています。足りていないかも…と思ったらたんぱく質強化献立にしましょう。

買い物リスト

★印がついているものがたんぱく質強化食材です

★さわら

2切れ（1切れ約100g）

たんぱく質のほか血液をサラサラにするDHAやEPAも豊富。3日に1度は魚メニューを取り入れると◎。

★厚揚げ

1枚（200g）

大豆製品である厚揚げには植物性たんぱく質が豊富。揚げてあるためコクがあって満足度大。

★ささみ

3本（150g）

脂肪が少なく、高たんぱくなヘルシー食材。片栗粉をまぶすとパサつかず、しっとり。

★合いびき肉

250g

肉の部位によっては脂が多いものも。シニア世代はできるだけ赤身が多いものを選びましょう。

✔たんぱく質強化のポイント❶

たんぱく質を多く含む食材は、肉、魚、大豆、大豆製品、魚や肉の加工品などです。主菜には動物性の肉や魚を、副菜には手軽なかに風味かまぼこやちくわ、豆腐、厚揚げなどを使って摂取量を増や

しましょう。いろんな食材を取り入れることでメニューの幅も広がります。

✔たんぱく質強化のポイント❷

卵も優秀なたんぱく質食材です。日持ちするので冷蔵庫にストックしておきましょう。メイン食材にもサブ食材にも使える、頼れる助っ人になります。

そのほかに使用するストック食材・調味料

★卵

バター／ゆずこしょう／粒マスタード／ウスターソース／オイスターソース／顆粒コンソメスープの素／ナツメグ／豆板醤

基本調味料など

酒／しょうゆ／酢／砂糖／塩／こしょう／サラダ油／オリーブ油／ごま油／片栗粉／だし汁

たんぱく質
強化
1日目

さわらとセロリのゆずこしょうバター蒸し献立

【1人分 TOTAL】
442kcal
たんぱく質34.9g
塩分3.2g

主菜

一皿ずつレンジ加熱するとムラなく火が通る

さわらとセロリのゆずこしょうバター蒸し

材料（2人分）

さわら … 2切れ（1切れ約100g）
塩 … 小さじ¼
こしょう … 少量
セロリ … 1本（80g）
顆粒コンソメスープの素 … 小さじ¼
しょうゆ … 小さじ½
バター … 15g
A ゆずこしょう … 小さじ½
酒 … 大さじ1

作り方

1. セロリは筋を取って5㎜幅の斜め切りにし、葉はざく切りにし、顆粒コンソメスープの素、しょうゆとともにボウルに入れて混ぜ合わせる。さわらは塩、こしょうをふる。
2. 耐熱皿を2枚用意し、セロリを等分に敷き、さわら、バターを半量ずつ順にのせ、混ぜ合わせたAを等分にかける。それぞれふんわりとラップをかける。
3. 一皿を電子レンジ（600W）に入れ、3分10秒～20秒、さわらに火が通るまで加熱する。もう一皿も同様に加熱する。

副菜

厚揚げでたんぱく質を補強

厚揚げとブロッコリー、えのきの煮もの

材料（2人分）

厚揚げ … 1枚（200g）
ブロッコリー … ½株（100g）
えのきだけ … 小1袋（100g）
A だし汁 … 150㎖
酒 … 大さじ1
しょうゆ … 大さじ1
砂糖 … 大さじ½

作り方

1. ブロッコリーは小房に分ける。えのきだけは石づきを切り落として長さを半分に切る。厚揚げは食べやすい大きさに切る。
2. 鍋にAを入れて煮立て、厚揚げ、えのきだけを入れる。煮立ったら弱火にし、ふたをして7～8分煮る。
3. ブロッコリーを加え、ふたをしてさらに3分ほど煮る。

ほどよく脂のあるさわらに、
セロリやゆずこしょう、
バターを合わせて、
奥深いコクと香りをプラス。
厚揚げの副菜でボリューム感も。

【1人分】
195kcal
たんぱく質14.5g
塩分1.4g

【1人分】
227kcal
たんぱく質20.4g
塩分1.8g

たんぱく質
強化
2日目

煮込みハンバーグ献立

主菜

玉ねぎやブロッコリーはレンジ加熱で手間を省いて

煮込みハンバーグ

材料（2人分）

合いびき肉 … 250g

A
- 卵 … ½個
- 塩 … 小さじ⅙
- こしょう … 少量
- ナツメグ … 少量

玉ねぎ … ¼個（50g）
バター … 5g
オリーブ油 … 小さじ1
トマト水煮缶（カットタイプ）
… 1缶（400g）

B
- ウスターソース … 大さじ1
- 塩、こしょう … 各少量

ブロッコリー … ½株（100g）

作り方

❶ 玉ねぎはみじん切りにし、バターとともに耐熱容器に入れ、ラップなしで電子レンジ（600W）で1分加熱する。

❷ ボウルに、ひき肉、**A**を入れて粘りが出るまで手で練り混ぜ、①を加えて混ぜる。2等分して丸め、両手でキャッチボールするようにして中の空気を抜き、平たい丸形に整える。

❸ フライパンにオリーブ油を熱し、②を入れて両面にこんがりと焼き色をつける。トマト缶を加え、煮立ったら弱火にし、ふたをして15分煮る（途中で一度ハンバーグの上下を返す）。

❹ ブロッコリーは小房に分け、茎の部分は固い外皮をむいて7㎜幅の輪切り（太ければ半月切り）にする。ラップで包み、電子レンジで1分30秒加熱する。

❺ ③に**B**を加えて味をととのえる。器に盛り、ブロッコリーを添える。

副菜

マスタードの風味でおしゃれな味わいに

にんじんとかにかま、サラダ菜のマスタードサラダ

材料（2人分）

にんじん … 小⅔本（80g）
塩 … 少量
サラダ菜 … ½株（50g）
かに風味かまぼこ
… ½パック（約5本〈40g〉）

A
- 粒マスタード … 小さじ2
- 酢 … 小さじ1½
- オリーブ油 … 小さじ2

作り方

❶ にんじんはせん切りにし、塩を振って混ぜ、しんなりしたら水気を絞る。サラダ菜は食べやすくちぎり、かに風味かまぼこは割く。

❷ ボウルに**A**を混ぜ合わせ、①を入れてあえる。

【1人分 TOTAL】
492kcal
たんぱく質29.9g
塩分2.3g

トマト缶で煮込む
ごちそうハンバーグも
30分ほどで完成。
ひき肉は赤身の多いものを
選べばもたれず
たっぷり食べられます。

【1人分】
87kcal
たんぱく質3.4g
塩分0.8g

【1人分】
405kcal
たんぱく質26.5g
塩分1.5g

たんぱく質
強化
3日目

ささみと豆苗の卵炒め献立

主菜はささみと卵でたんぱく質たっぷり、緑黄色野菜も加えて栄養満点です。豆苗のシャキシャキした食感でどんどん食べられますよ。

【1人分 TOTAL】
298kcal
たんぱく質31g
塩分2.1g

主菜

炒り卵は半熟の状態で取り出してふっくら仕上げます

ささみと豆苗の卵炒め

材料（2人分）

ささみ…3本（150g）

A
- 塩、こしょう…各少量
- 酒…小さじ1
- 片栗粉…小さじ1

豆苗…1袋（100g）

玉ねぎ…¾個（150g）

にんじん…小⅓本（40g）

卵…2個

砂糖…小さじ½

サラダ油…小さじ3

B
- しょうゆ…小さじ1
- オイスターソース…小さじ1
- 塩、こしょう…各少量

作り方

❶ 豆苗は根元を切り落とし、長さを半分に切る。玉ねぎは薄切りにしてほぐす。にんじんは細切りにする。ささみは筋があれば取り、1.5㎝幅のそぎ切りにし、**A**を順にまぶす。

❷ 卵は割りほぐし、砂糖を加えて混ぜ合わせる。

❸ フライパンにサラダ油小さじ1を熱し、卵液を入れて大きく混ぜ、炒り卵を作って取り出す。

❹ 同じフライパンにサラダ油小さじ2を熱し、ささみを炒める。色が変わったら、にんじん、玉ねぎを加えて炒め、**B**で調味する。豆苗を加えてさっと炒め、③を戻し入れる。

副菜

ちょっぴり加えた豆板醤の辛味がポイント

かにかまとアスパラの中華あえ

材料（2人分）

かに風味かまぼこ
…½パック（40g）

アスパラガス
…1束（100g）

サラダ菜…½株（50g）

A
- 豆板醤…小さじ¼
- 塩…少量
- ごま油…小さじ1

作り方

❶ アスパラガスは根元の固い部分を除き、長さを半分に切る。ラップを広げ、穂先と根元を交互に並べて包み、電子レンジ（600W）で1分30秒加熱する。そのまま冷まし、7㎜幅の斜め切りにする。

❷ サラダ菜は食べやすくちぎる。かに風味かまぼこは太めに割く。

❸ ボウルに**A**を混ぜ合わせ、①、②を入れてあえる。

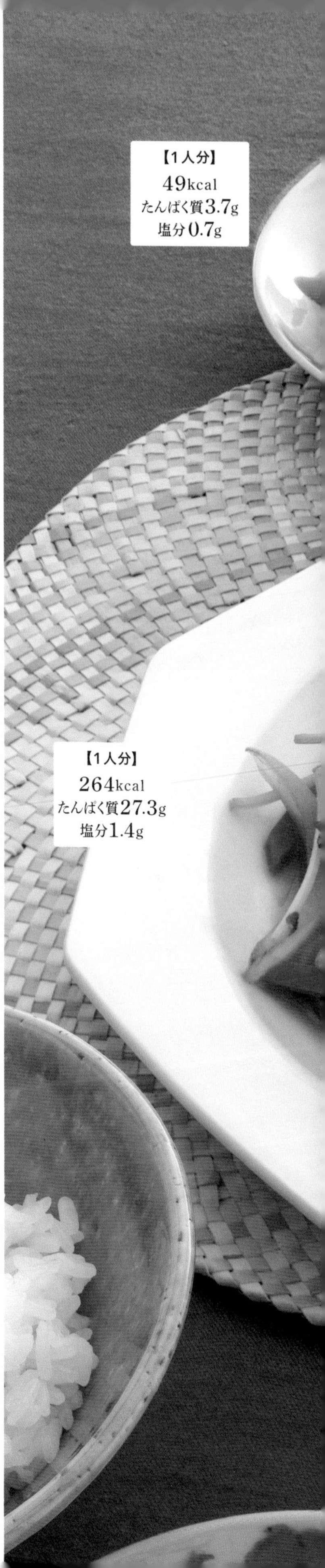

カルシウム強化の3日分まとめ買い

カルシウムは人間の体内に最も多く存在するミネラルですが、日本人は不足しがち。カルシウムが不足するとシニアは骨粗鬆症や骨折が心配です。身近な食材に含まれるので積極的に摂りましょう。

買い物リスト

★印がついているものがカルシウム強化食材、
◉印がついているものがサポート食材です

★小松菜

1束（230g）

カルシウム含有量は100gあたり170mg。小松菜と同じアブラ菜科のチンゲン菜もおすすめです。

★しらす干し

小1パック（50g）

下処理なしでそのまま食べられてカルシウムたっぷり。ごはんやサラダにかけたり、卵焼きに混ぜても。

★さば水煮缶

1缶（190g〈固形量130g〉）

さばを骨ごとやわらかく煮た水煮缶。カルシウムのほかたんぱく質やDHA・EPAも含む優秀食材。

★木綿豆腐

1丁（300g）

100gあたりのカルシウム含有量は93mg。主菜や副菜、汁ものといろんな料理に使い回せます。

✔カルシウム強化のポイント❶

カルシウムを多く含む食材は、骨ごと食べられる魚、乳製品、豆腐や納豆などの大豆製品、小松菜やチンゲン菜といった青菜などです。さばやいわしの水煮缶は骨までやわらかく煮てあり、下処理不要ですぐに使えて重宝します。牛乳や粉チーズ、ごま、桜えびといった家にストックしてある食材にもカルシウム豊富なものがたくさん。活

そのほかに使用するストック食材・調味料

★桜えび **★粉チーズ** **★牛乳** **★白いりごま**

卵／バター／にんにく／◉レモン汁／赤とうがらし／◉梅干し／焼きのり／スパゲッティ

基本調味料など

塩／こしょう／砂糖／しょうゆ／◉酢／みりん／サラダ油／ごま油／オリーブ油／小麦粉

用して味の幅を広げましょう。

✔カルシウム強化のポイント❷

ビタミンDやC、クエン酸、マグネシウムなどの栄養素は、カルシウムのサポート役。一緒に摂ると、カルシウムの吸収率を上げたり骨の形成を促進したりする効果があります。◉印の食材に多く含まれているので一緒に摂るように心がけましょう。

カルシウム強化
1日目

牛肉とエリンギのクリームスパゲッティ献立

主菜

エリンギを加えてカルシウム吸収率がアップ

牛肉とエリンギのクリームスパゲッティ

材料（2人分）

牛切り落とし肉 … 150g
玉ねぎ … ½個（100g）
エリンギ … 1パック（80g）
にんにく（薄切り）… 2枚
バター … 10g
小麦粉 … 大さじ1½
牛乳 … カップ2
A
塩 … 小さじ⅓強
こしょう … 少量
レモン汁 … 小さじ2
スパゲッティ … 160g
塩 … 適量
こしょう … 少量
粉チーズ … 適量

作り方

1. 玉ねぎは薄切りにしてほぐす。エリンギは長さを半分に切り、かさ側は食べやすい大きさのくし形切りに、残りは8mm幅の輪切りにする。牛肉は、塩、こしょう各少量をふってもみ込む。
2. フライパンにバターを溶かし、牛肉を中火で炒める。にんにく、玉ねぎ、エリンギを加えてさらに炒める。
3. 玉ねぎがしんなりしたら弱火にし、小麦粉をふり入れ、粉っぽさがなくなるまで焦がさないように炒める。牛乳を加えて混ぜ、煮立ったら**A**で調味する。
4. 鍋に湯を沸かして塩適量を入れ、スパゲッティを袋の表示通りにゆでる。水気をきり、③に入れてからめる。器に盛り、粉チーズをふる。

副菜

カルシウムたっぷりのしらすを加えて

しらすと水菜のガーリックドレサラダ

材料（2人分）

水菜 … ½袋（100g）
しらす干し … 40g
A
にんにく（みじん切り）
… ⅓かけ分
酢 … 小さじ2
塩、こしょう … 各少量
オリーブ油 … 小さじ2

作り方

1. 水菜は3cm長さに切る。
2. ボウルに、**A**を入れて混ぜ合わせ、水菜、しらすを加えてあえる。

【1人分 TOTAL】
727kcal
たんぱく質41.2g
カルシウム440mg
塩分4.1g

コクのあるクリームスパゲッティに、
さっぱりしたサラダを合わせて
味にメリハリをつけて。
牛乳としらすでカルシウムを強化。

【1人分】
76kcal
たんぱく質5.9g
カルシウム146mg
塩分1.1g

【1人分】
651kcal
たんぱく質35.3g
カルシウム294mg
塩分3.0g

カルシウム
強化
2日目

豆腐と豚肉のえびしょうゆ炒め献立

豆腐と豚肉の炒めものに、桜えびを加えて香ばしく仕上げます。小松菜とチーズ入りの副菜を添えて、健康な骨づくりをサポート。

【1人分 TOTAL】
359kcal
たんぱく質27.4g
カルシウム325mg
塩分2.2g

主菜

2人分でどーんと1丁、豆腐をいただきます

豆腐と豚肉のえびしょうゆ炒め

材料（2人分）

木綿豆腐 … 1丁（300g）
豚切り落とし肉 … 100g
塩、こしょう … 各少量
赤パプリカ … ½個（60g）
玉ねぎ … ¼個（50g）
赤とうがらし … ½本
桜えび … 大さじ2
サラダ油 … 大さじ1
A ┌ しょうゆ … 大さじ1
　│ みりん、ごま油 … 各小さじ1
　└ 塩、こしょう … 各少量

作り方

❶ 豆腐はペーパータオルで包み、上に皿を数枚重ねて15分ほどおき、水切りする。厚さを半分に切ってから4等分に切る。

❷ パプリカは細長い乱切りにする。玉ねぎは5㎜幅の薄切りにする。赤とうがらしは種を取り、小口切りにする。豚肉は、塩、こしょうをふってもみ込む。

❸ フライパンにサラダ油大さじ½を熱して豆腐を入れ、両面に焼き色をつけて取り出す。

❹ 同じフライパンにサラダ油大さじ½を熱し、豚肉を炒める。パプリカ、玉ねぎ、赤とうがらし、桜えびを加えて2〜3分炒め、豆腐を戻し入れる。**A**を加えて大きく混ぜる。

副菜

梅干しの酸味と塩気で調味料いらず

小松菜とチーズの梅のりあえ

材料（2人分）

小松菜 … ¾束（約180g）
梅干し … ½個（正味5g）
割けるチーズ … 1本
焼きのり（全形）… ¼枚

作り方

1. 小松菜は根元を切り落としてよく洗い、3cm幅に切る。耐熱容器に入れてふんわりとラップをかけ、電子レンジ（600W）で2分加熱し、そのまま冷ます。
2. ①の水気を絞り、種を取ってたたいた梅干し、割いて半分の長さに切ったチーズ、ちぎったのりを入れ、あえる。

カルシウム
強化
3日目

さば缶と野菜の南蛮漬け献立

【1人分 TOTAL】
567kcal
たんぱく質30.4g
カルシウム419mg
塩分2.4g

主菜

即作れるクイックメニュー。さばは骨ごといただきます

さば缶と野菜の南蛮漬け

材料（2人分）

さば水煮缶 … 1缶（190g〈固形量130g〉）
玉ねぎ … ¼個（50g）
赤パプリカ … ½個（60g）
A
- 酢 … 大さじ1
- しょうゆ … 小さじ1
- 砂糖 … 少々
- 赤とうがらし（小口切り）… ½本分
- ごま油 … 小さじ2

作り方

❶ 玉ねぎは薄切りにしてほぐし、水にさらして水気をきる。パプリカはラップで包み、電子レンジ（600W）で1分30秒加熱する。粗熱をとり、小さめの乱切りにする。

❷ ボウルにA、①を入れて混ぜる。汁気をきって大きめに崩したさば水煮缶を加え、さっとあえる。

副菜

具を入れて食べごたえのある副菜に

水菜とチーズの卵焼き

材料（2人分）

水菜 … ½袋（100g）
割けるチーズ … 1本
卵 … 2個
しょうゆ … 小さじ½
こしょう … 少量
サラダ油 … 小さじ1

作り方

❶ 水菜は1.5cmほどの長さに切ってラップで包み、電子レンジ（600W）で1分加熱する。そのままおいて粗熱をとり、水気を絞る。チーズは割き、食べやすい長さに切る。

❷ 大きめのボウルに卵を割りほぐし、しょうゆ、こしょう、①を加えて混ぜ合わせる。

❸ 直径20cmほどのフライパンにサラダ油を熱して②を流し入れ、ざっと混ぜて平らにし、弱火で1～2分焼く。上面が半熟状になったらフライ返しなどで4等分に分け、裏返してさっと焼く。

レンジ加熱した小松菜で簡単混ぜごはんに

しらす菜めし

材料（2人分）

ごはん … 茶碗2杯分
小松菜 … ¼束（50g）
塩 … 小さじ⅙
白いりごま … 適量
しらす干し … 10g

作り方

❶ 小松菜は根元を切り落としてよく洗い、5mm幅に切る。ラップで包んで電子レンジ（600W）で40秒加熱し、そのまま冷ます。水気を絞り、塩を加えて混ぜ合わせる。

❷ ごはんに、①、白いりごま小さじ1を加えて混ぜ合わせる。器に盛ってしらすをのせ、好みで白いりごまをふる。

主菜は缶詰を使って、
副菜はフライパンでスピーディに。
電子レンジで加熱した
小松菜をごはんに混ぜれば、
あっという間に3品完成します。

【1人分】
142kcal
たんぱく質10.6g
カルシウム184mg
塩分0.7g

【1人分】
251kcal
たんぱく質5.5g
カルシウム59mg
塩分0.7g

【1人分】
174kcal
たんぱく質14.3g
カルシウム176mg
塩分1.0g

食物繊維強化の 3日分まとめ買い

買い物リスト

★印がついているものが食物繊維強化食材です

★カットしめじ

1袋（100g）

食物繊維総量は100gあたり3g。あらかじめ石づきを取り除いたカットしめじは、包丁いらずですぐ使える。

★れんこん

1節（200g）

大きめに切ると粘りのあるもちっとした食感が楽しめます。100gあたりの食物繊維総量は2gほど。

★ブロッコリー

1株（200g）

βカロテンやビタミンCに富む緑黄色野菜。食物繊維総量も100g中5.1gと多く含んでいます。

★ごぼう（細いもの）

2本（140g）

不溶性と水溶性、両方の食物繊維を豊富に含む優秀食材。100gあたりの食物繊維総量は5.7g。

食物繊維はエネルギー源にはならないものの、腸内の環境を整えて便通をスムーズにするほか、肥満を防止しコレステロール値を低下させ、生活習慣病を予防してくれます。健康のカギを握る腸を健やかに保つために、シニアが意識して摂りたい栄養素です。

✓食物繊維強化のポイント❶

食物繊維を多く含む代表的な食材は、根菜やきのこ類、海藻など。また、ブロッコリーにも、ごぼうに匹敵するほどの量の食物繊維が含まれています。積極的に取り入れましょう。

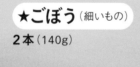

ベーコン（ハーフカットタイプ）
1パック（6枚〈55g〉）

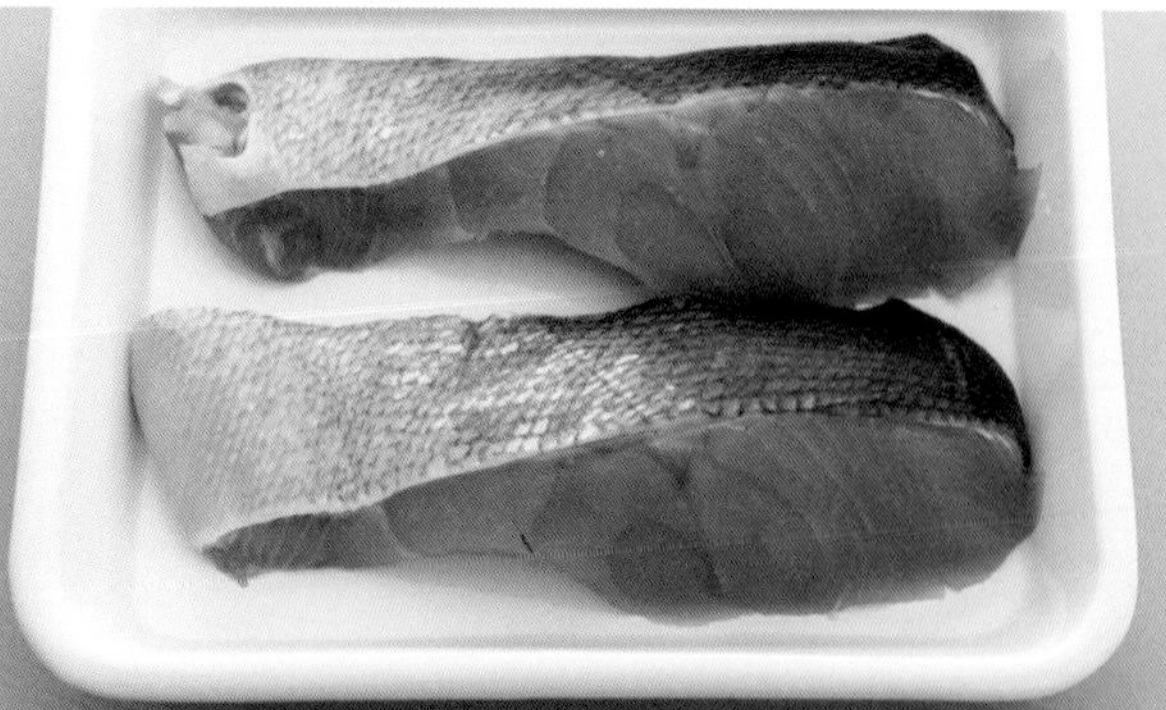

生さけ
2切れ（1切れ約100g）

鶏もも肉
1枚（250g）

豚切り落とし肉
（赤身が多いもの）**200g**

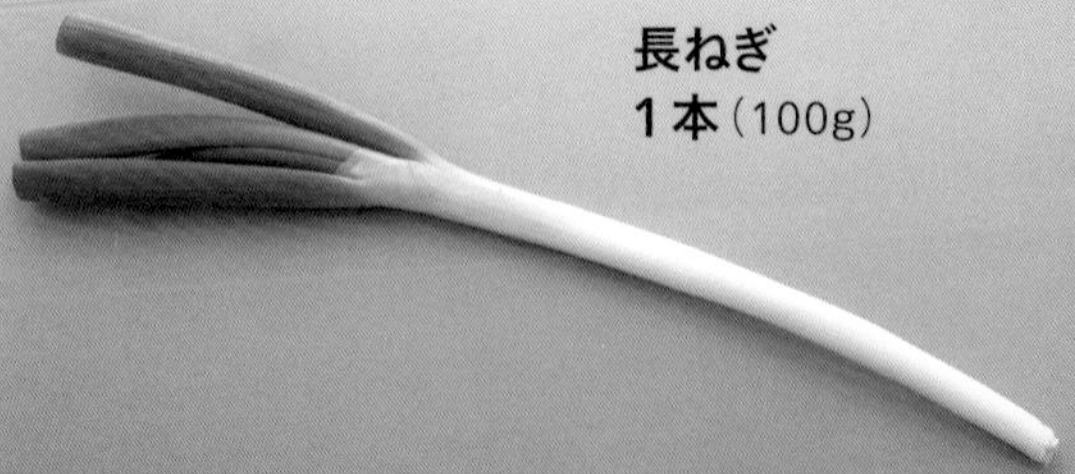

長ねぎ
1本（100g）

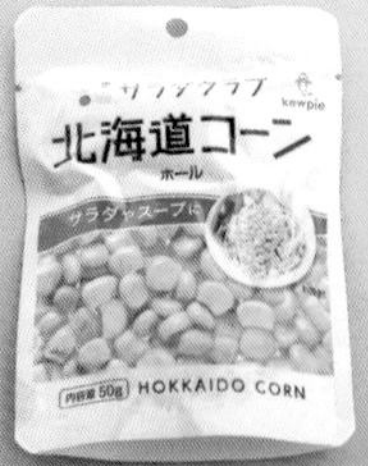

ホールコーン（パウチタイプ）
小1袋（50g）

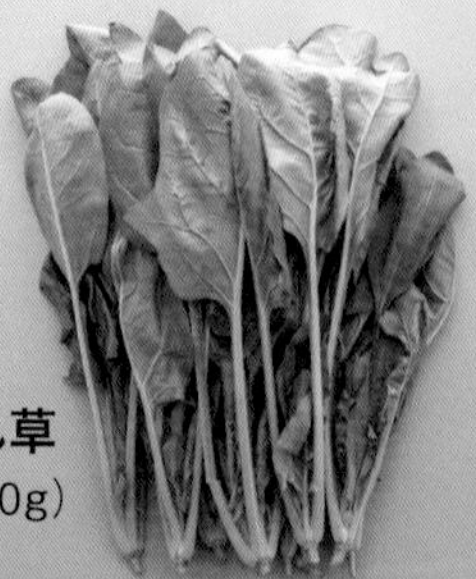

ほうれん草
1袋（200g）

そのほかに使用するストック食材・調味料

★乾燥カットわかめ

卵／にんにく／豆板醤／マヨネーズ／
顆粒コンソメスープの素

基本調味料など

みそ／しょうゆ／みりん／酒／塩／こしょう／砂糖／サラダ油／
オリーブ油／ごま油／小麦粉／だし汁

食物繊維強化のポイント❷

ごはん、パン、スパゲッティなどの炭水化物にも食物繊維は含まれています。ごはんは、精米することで食物繊維量が減ってしまうので、白米の代わりに分づき米や胚芽玄米にしてもよいでしょう。

食物繊維
強化
1日目

さけとれんこんのベーコン風味照り焼き献立

主菜

ベーコンの燻製香でさけをさらにおいしく

さけとれんこんのベーコン風味照り焼き

材料（2人分）

生さけ … 2切れ（200g）
塩 … 少量
小麦粉 … 少量
れんこん … ⅓節（70g）
カットしめじ … ½袋（50g）
ベーコン（ハーフカットタイプ）… 3枚
オリーブ油 … 小さじ2
A［しょうゆ … 小さじ2
　 みりん … 小さじ2

作り方

❶ れんこんは皮をむいて5㎜幅の半月切りにする。ベーコンは半分に切る。さけは塩をふる。

❷ フライパンにオリーブ油小さじ1を熱し、れんこん、しめじを焼き、取り出す。

❸ さけの水気を軽く拭き、小麦粉を薄くまぶす。②と同じフライパンにオリーブオイル小さじ1を熱してさけを入れ、中火〜弱火で両面を焼き、途中でベーコンを加える。

❹ さけに火が通ったら、れんこんとしめじを戻し入れる。**A**を加え、全体にからめる。

副菜

ブロッコリーは下ゆでなしでそのまま入れてOK

ブロッコリーとわかめのかきたま汁

材料（2人分）

ブロッコリー … 約⅖株（80g）
乾燥カットわかめ … 小さじ2
だし汁 … カップ2
A［塩 … 小さじ¼
　 しょうゆ … 小さじ½
卵 … 1個

作り方

❶ ブロッコリーは小房に分け、大きければさらに半分に切る。

❷ 鍋にだし汁を煮立て、ブロッコリー、カットわかめを入れる。再び煮立ってから2分ほど煮る。

❸ **A**で調味する。溶きほぐした卵を回し入れ、火を通す。

【1人分 TOTAL】
335kcal
たんぱく質31.4g
食物繊維3.1g
塩分2.9g

さけを中心に、れんこんやしめじ、
ブロッコリーにわかめと
食物繊維に富む食材をふんだんに。
しみじみおいしい和の献立です。

【1人分】
284kcal
たんぱく質26.2g
食物繊維1.5g
塩分1.5g

【1人分】
51kcal
たんぱく質5.2g
食物繊維1.6g
塩分1.4g

食物繊維
強化
2日目

鶏肉と根菜の和風ポトフ献立

【1人分】
124kcal
たんぱく質4.4g
食物繊維3.0g
塩分0.6g

【1人分】
311kcal
たんぱく質23.0g
食物繊維3.6g
塩分2.0g

【1人分 TOTAL】
435kcal
たんぱく質27.4g
食物繊維6.6g
塩分2.6g

主菜

鶏肉のだしが体にじんわり染み渡ります

鶏肉と根菜の和風ポトフ

材料（2人分）

鶏もも肉 … 1枚（250g）
れんこん … 約⅔節（130g）
ごぼう（細いもの）… 1本（70g）
長ねぎ … ¾本（75g）
A
- 水 … カップ3
- 顆粒コンソメスープの素 … 小さじ½
- にんにく … ½かけ
- 酒 … 大さじ1

塩 … 小さじ⅓
しょうゆ … 小さじ1

作り方

❶ れんこんは皮をむいて大きめの乱切りにする。ごぼうは幅8㎜、長さ4㎝ほどの斜め切りにし、さっと水にさらす。長ねぎは3㎝長さに切る。鶏肉は4等分に切る。

❷ 鍋に、**A**、①を入れて火にかける。沸騰したら弱火にし、ふたをして20分煮る。

❸ 塩、しょうゆで味をととのえる。

副菜

マヨネーズとベーコンでコク旨に

ほうれん草とベーコンの炒めサラダ

材料（2人分）

ほうれん草 … 1袋（200g）
カットしめじ … ½袋（50g）
ベーコン（ハーフカットタイプ）… 3枚
マヨネーズ … 大さじ1
塩、こしょう … 各少量

作り方

❶ ほうれん草は3～4㎝長さに切る。ベーコンは半分に切る。

❷ フライパンにマヨネーズを入れて中火で熱し、しめじ、①を入れて炒める。ほうれん草がしんなりしたら、塩、こしょうで味をととのえる。

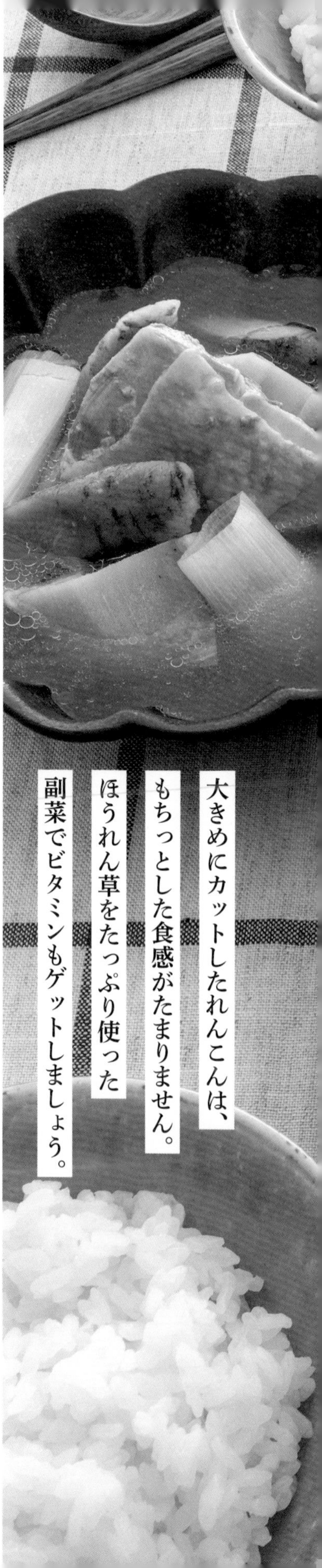
大きめにカットしたれんこんは、
もちっとした食感がたまりません。
ほうれん草をたっぷり使った
副菜でビタミンもゲットしましょう。

食物繊維
強化
3日目

豚肉とごぼう、ブロッコリーの辛みそ炒め献立

主菜

みそベースのピリ辛味でごはんが進む

豚肉とごぼう、ブロッコリーの辛みそ炒め

材料（2人分）

豚切り落とし肉 … 200g
塩、こしょう … 各少量
ブロッコリー … 約⅗株（120g）
ごぼう（細いもの）… 1本（70g）
長ねぎ … ¼本（25g）
にんにく … ½かけ
サラダ油 … 大さじ1
豆板醤 … 小さじ½

A
- みそ … 大さじ1
- 砂糖 … 小さじ1
- 酒 … 小さじ2
- しょうゆ … 小さじ1

作り方

1. ブロッコリーは小房に分けて食べやすく切り、水にくぐらせて水気を軽くきる。ラップで包んで、電子レンジ（600W）で1分加熱する。ごぼうは皮をこそげて斜め薄切りにし、さっと水にさらして水気をきる。
2. 長ねぎは5㎜幅の斜め薄切りにする。にんにくはみじん切りにする。豚肉は、塩、こしょうをふる。**A**は混ぜ合わせておく。
3. フライパンにサラダ油を熱して豚肉を炒め、色が変わったら、ごぼうを加えて2〜3分炒める。にんにく、長ねぎ、豆板醤を入れて炒め、香りが立ったら**A**を加える。ブロッコリーを加えて大きく混ぜる。

副菜

水溶性食物繊維をたっぷり含んだわかめのあえもの

わかめとコーンのナムル

材料（2人分）

乾燥カットわかめ … 大さじ1½
ホールコーン（パウチタイプ）
… 小1袋（50g）

A
- 長ねぎ（みじん切り）… 小さじ1
- しょうゆ … 小さじ½
- 塩、こしょう … 各少量
- ごま油 … 小さじ1

作り方

1. わかめは水でもどす（まだ固いようならザルに入れて熱湯を回しかける）。
2. ボウルに、**A**、水気を絞ったわかめ、コーンを入れてあえる。

memo

主菜と副菜、両方に使う長ねぎは一度にまとめて下ごしらえします。主菜で斜め薄切りにした長ねぎから少量取り分けて副菜用に小さじ1のみじん切りにし、わかめとコーンのナムルに使います。

【1人分 TOTAL】
342kcal
たんぱく質25.7g
食物繊維6.0g
塩分2.7g

食物繊維を豊富に含む
ごぼうとブロッコリーを使って
辛旨のメインおかずに。
副菜はカットわかめとコーンで
さっと仕上げて。

【1人分】
298kcal
たんぱく質24.7g
食物繊維4.5g
塩分2.1g

【1人分】
44kcal
たんぱく質1.0g
食物繊維1.5g
塩分0.6g

減塩強化の 3日分まとめ買い

買い物リスト

★印がついているものが減塩強化食材です

★あさり水煮缶

小1缶（125g）

旨みたっぷりのあさりの水煮。身はもちろん、缶汁も旨みの宝庫。必ず汁ごと使って。

★青じそ

1束（10枚）

爽やかな香りを持つ日本を代表するハーブ。刻んでからさっと水にさらすとえぐみが抜けます。

★えのきだけ

小1袋（100g）

きのこ類は旨みをプラスしたいときの強力な助っ人。えのきは細いので火の通りもスピーディ。

★トマト

小2個（1個約100g）

トマトに含まれる酸味と旨みが、減塩メニューのサポート役に。生でも加熱してもおいしい。

日本人は塩分を摂りすぎている傾向があり、自分は大丈夫だと思っている人も、実は塩分過多という場合が多いもの。生活習慣病を防ぐためにも、減塩でもおいしい料理を作るコツは頭に入れておいて損はありません。

✔ 減塩強化のポイント❶

塩気を控える代わりに、香味野菜（長ねぎ、しょうがなど）や、酸味（酢、レモン、トマトなど）、辛味（こしょう、カレー粉など）、旨み（だし、かつお節、粉チーズ、きのこ類）を取り入れて、味に奥行きを出すのがコツ。塩気の物足りなさを感じにくくなります。家にあるスパイスや調味料もうまく使って。

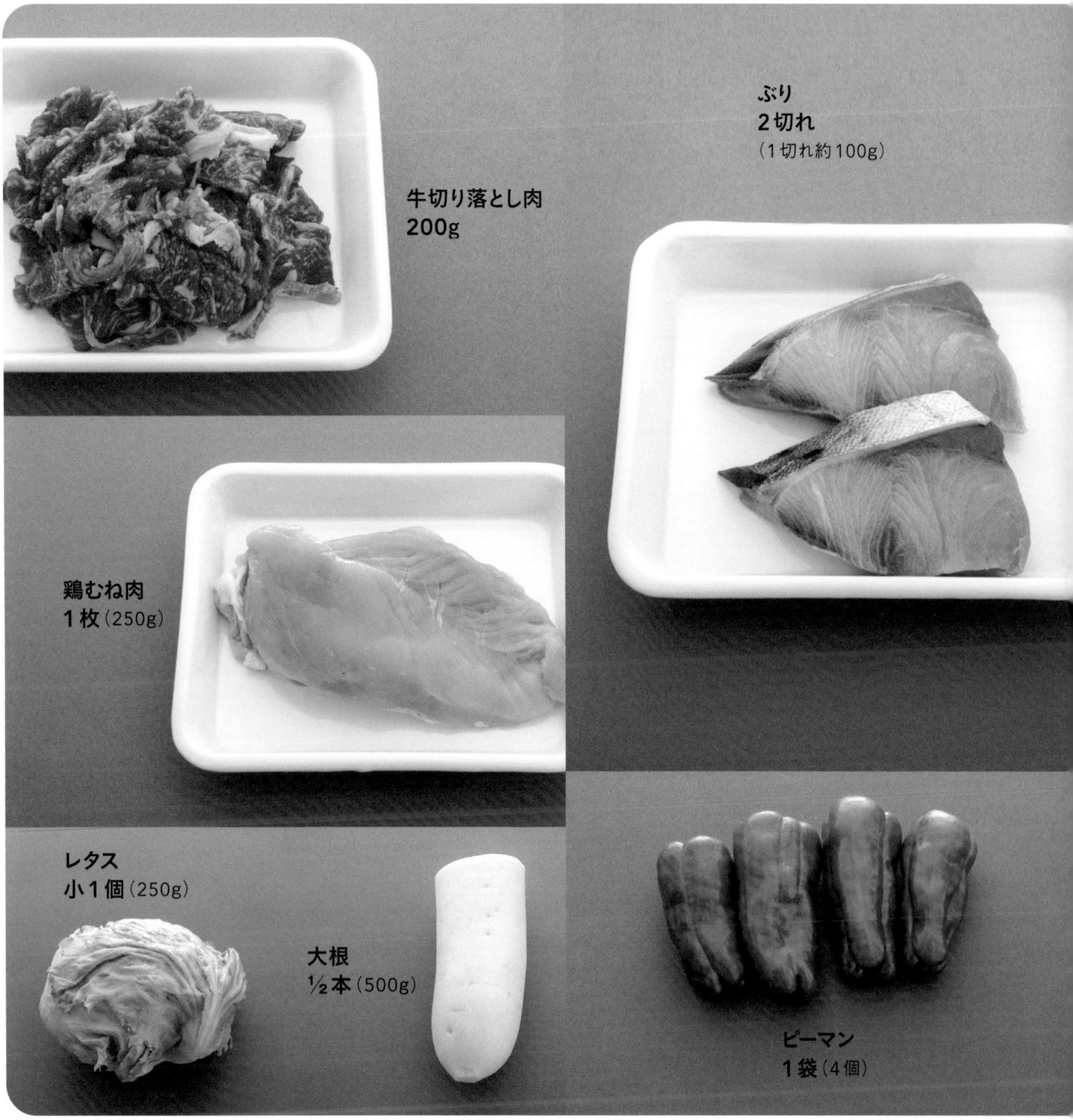

そのほかに使用するストック食材・調味料

★粉チーズ　★にんにく　★しょうが　★かつお節　★赤とうがらし　★カレー粉　★ナンプラー　★レモン汁　ローストミックスナッツ（無塩）／白いりごま

基本調味料など

塩／**★こしょう**／**★粗びき黒こしょう**／砂糖／しょうゆ／**★酢**／酒／みりん／サラダ油／オリーブ油／片栗粉／顆粒中華スープの素／**★だし汁**

✔減塩強化のポイント❷

「とろみ」も減塩に役立ちます。炒めものなどは片栗粉でとろみをつけると調味料が下に落ちず、食材によくからみ、食べたときに舌が塩気を感じやすくなって満足度が上がります。

減塩
強化
1日目

ぶりのガーリックカレー焼き献立

和の味つけのイメージが強いぶりを、にんにくとカレー粉でイメージチェンジ。彩り鮮やかな野菜を添えて、目にもうれしいごちそうに。

【1人分 TOTAL】
423kcal
たんぱく質26.3g
塩分1.8g

主菜

スパイシーな香りがぶりとベストマッチ

ぶりのガーリックカレー焼き

材料（2人分）

ぶり … 2切れ（約200g）
塩 … 少量
カレー粉 … 小さじ½
大根 … 3cm（約100g）
トマト … 小1個
にんにく … ½かけ
オリーブ油 … 小さじ2
A しょうゆ … 小さじ2
A みりん … 小さじ1
A 酒 … 小さじ1

作り方

❶ 大根は1.5cm幅の半月切りにし、水大さじ3とともに耐熱容器に入れ、ラップをかける。電子レンジ（600W）で3分加熱し、水気をきる。トマトは4等分に切る。にんにくは薄切りにする。ぶりは、塩、カレー粉をまぶす。

❷ フライパンにオリーブ油小さじ1を熱し、大根とトマトを焼き、焦げ目がついたら取り出す。

❸ フライパンをきれいにし、オリーブ油小さじ1、にんにくを入れて火にかけ、香りが立ったらにんにくを取り出す。ぶりを入れ、中火～弱火で両面を色よく焼き、火が通ったら**A**を加えてからめる。

❹ 器に、②、ぶりを盛る。③のにんにくを散らし、フライパンに残ったたれをかける。

副菜

香味野菜や粉チーズでおいしさ倍増

レタスと青じそのチーズナッツサラダ

材料（2人分）

レタス … 小½個（125g）
青じそ … 6枚
ローストミックスナッツ（無塩）… 20g
A
- 粉チーズ … 小さじ2
- 塩 … 小さじ⅕
- こしょう … 少量
- 酢 … 小さじ2
- オリーブ油 … 小さじ2

粉チーズ … 小さじ1

作り方

1. レタス、青じそは食べやすくちぎる。ミックスナッツは刻む。
2. ボウルにAを混ぜ合わせ、レタス、青じそを入れてあえる。器に盛り、ナッツを散らして粉チーズをふる。

減塩
強化
2日目

鶏肉のごまおかか焼き献立

主菜

少量入れた片栗粉でむね肉のパサつきもなし

鶏肉のごまおかか焼き

材料（2人分）

鶏むね肉…1枚（250g）
しょうゆ…小さじ2
酒…小さじ1
A［片栗粉…大さじ1
　白いりごま…大さじ2強
　かつお節…1パック（4g）
ピーマン…2個
サラダ油…小さじ4

作り方

❶ ピーマンは乱切りにする。鶏肉は5㎜幅にそぎ切りしてから、5㎝大に切る。

❷ ポリ袋に、鶏肉、しょうゆ、酒を入れて袋の上からもむ。さらに**A**を加えてもみ、まんべんなくまぶしつける。

❸ フライパンにサラダ油小さじ1を熱し、ピーマンを焼いて取り出す。

❹ 同じフライパンにサラダ油大さじ1を足し、鶏肉の両面を弱火で香ばしく焼いて火を通す。ピーマンとともに器に盛り合わせる。

副菜

旨みと酸味、香りが詰まった絶品おかず

ひらひら大根とあさりのしょうが酢煮

材料（2人分）

大根…200g
あさり水煮缶…小1缶（125g）
えのきだけ…小½袋（50g）
しょうが…1かけ
A［だし汁…50㎖
　酢…大さじ2
　砂糖…小さじ2
　塩…小さじ⅛

作り方

❶ 大根はピーラーで縦にリボン状にスライスする。えのきだけは石づきを切り落とし、長さを半分に切る。しょうがはせん切りにする。

❷ 耐熱ボウルに、①、あさり水煮缶を汁ごと入れ、**A**を加えて混ぜ合わせる。ふんわりとラップをかけ、電子レンジ（600W）で5分加熱する。そのまま3分おいて蒸らす。

トマトと調味料を入れて炊き込むだけ

トマトごはん

材料（2人分×2食分）

米…2合
トマト…小1個（約100g）
A［オリーブ油…小さじ2
　しょうゆ…小さじ½
　こしょう…少量
青じそ…4枚

作り方

❶ 米は洗い、炊飯器の内釜に水360㎖とともに入れる。

❷ トマトはヘタをくりぬき、反対側に十文字に切り目を入れ、切り目を上にして米の真ん中に置く。**A**を加え、普通に炊く。

❸ 炊き上がったら、トマトを大きく崩しながら混ぜる。器に盛り、せん切りにした青じそをのせる。

【1人分 TOTAL】
699kcal
たんぱく質42.3g
塩分2.4g

主菜が淡白な
鶏むね肉メインなので、
副菜とごはんを
ちょっと豪華に。
大根とあさりの煮ものは、
缶詰とレンジで
さっと作れます。

【1人分】
71kcal
たんぱく質6.5g
塩分0.7g

【1人分】
345kcal
たんぱく質31.0g
塩分1.0g

【1人分】
283kcal
たんぱく質4.8g
塩分0.1g

減塩
強化
3日目

牛肉と大根、ピーマンのエスニック風炒め献立

【1人分】
16kcal
たんぱく質1.0g
塩分0.5g

【1人分】
289kcal
たんぱく質20.8g
塩分1.6g

【1人分 TOTAL】
305kcal
たんぱく質21.8g
塩分2.1g

主菜

ナンプラー&レモンで異国風おかず

牛肉と大根、ピーマンのエスニック風炒め

材料（2人分）

- 牛切り落とし肉 … 200g
- こしょう … 少量
- 大根 … 200g
- ピーマン … 2個
- しょうが … 1かけ
- 赤とうがらし … 1本
- A
  - ナンプラー … 小さじ2
  - レモン汁 … 小さじ2
  - 砂糖 … 小さじ1
- サラダ油 … 大さじ1
- 水溶き片栗粉 ［片栗粉小さじ¼＋水大さじ1］

作り方

1. 大根は5㎜角の棒状に切る。ピーマンは縦半分に切ってから、横5㎜幅に切る。しょうがはせん切りにする。赤とうがらしは種をとり、5㎜幅の斜め切りにする。牛肉はこしょうをまぶす。**A**は混ぜ合わせておく。
2. フライパンにサラダ油を熱して牛肉を炒める。しょうが、とうがらし、大根を加えて2分ほど炒め、ピーマンを加えてさっと炒める。
3. **A**で調味し、水溶き片栗粉を加えて混ぜながらとろみをつける。

副菜

黒こしょうを効かせてスパイシーに

レタスとえのきのこしょう風味スープ

材料（2人分）

- レタス … 小½個（125g）
- えのきだけ … 小½袋（50g）
- A
  - 水 … カップ2
  - 顆粒中華スープの素 … 小さじ½
- 塩、粗びき黒こしょう … 各少量

作り方

1. レタスは大きめにちぎる。えのきだけは石づきを切り落としてほぐし、3等分に切る。
2. 鍋に**A**を入れて煮立て、①を入れて1分ほど煮る。塩、粗びき黒こしょうで調味する。

2章

主菜はフライパン1つでさっと

すぐ作れる フライパン シニア献立

とかく食事作りが億劫になりがちなシニアの２人暮らし。
でもフライパン１つでパッと作れるレシピなら
やる気が湧いてきませんか。「炒める」「焼く」から
「煮る」「揚げる」まで、フライパンで作れる多彩なレシピをご紹介。
副菜も簡単に作れるものばかりです。

フライパン

トマト入り麻婆豆腐献立

【1人分 TOTAL】
252kcal
たんぱく質20.3g
塩分2.6g

トマトは加熱しすぎず、最後に加えてさっと火を通すだけにとどめるのがポイント。フルーティなおいしさが際立ちます。

定番メニューにトマトを
加えてビタミンアップ

【1人分】
248kcal
たんぱく質18.9g
塩分1.9g

主菜 トマト入り麻婆豆腐

材料（2人分）

豚ひき肉（赤身）… 100g
木綿豆腐 … ⅔丁（200g）
トマト … 1個
長ねぎ … ¼本
にんにく … ½かけ
ごま油 … 小さじ2
豆板醤 … 小さじ½

A
- みそ … 小さじ1
- しょうゆ … 小さじ2
- 酒 … 大さじ1

B
- 水 … カップ½
- 顆粒鶏ガラスープの素 … 小さじ½
- こしょう … 少量

水溶き片栗粉
［片栗粉大さじ½＋水大さじ2］

作り方

❶ 豆腐は1.5～2㎝角に切り、トマトは6～8等分のくし形切りにする。長ねぎ、にんにくはみじん切りにする。

❷ フライパンにごま油を熱してひき肉、にんにくを炒め、豆板醤を加えてさらに炒める。**A**を加えてからめ、**B**を入れて煮立てる。

❸ ①の豆腐、長ねぎを加えて1～2分煮、トマトを加える。煮立ったら水溶き片栗粉を加え、ゆっくり混ぜながら再び煮立たせる。

副菜 にがうりとみょうがの二杯酢あえ

にがうりがなければ
ピーマンで代用しても

【1人分】
14kcal
たんぱく質1.4g
塩分0.7g

材料（2人分）

にがうり（ゴーヤ）… ½本
みょうが … 1個

A
- 酢 … 小さじ1
- しょうゆ … 小さじ1½
- かつお節 … 少量

作り方

❶ にがうりは種とわたを除き、薄い半月切りにする。熱湯でさっとゆで、水にとって水気を絞る。

❷ みょうがは薄い輪切りにする。

❸ ボウルに①、②、**A**を入れてさっとあえる。

フライパン

ぶりとブロッコリーのマスタード蒸し献立

野菜も一緒に
蒸し焼きにすれば
手間なし

おしゃれな魚の洋風メニューと、和の副菜の組み合わせが絶妙です。蒸し汁にもぶりから溶け出たDHAやEPAが含まれているので、残さずいただきましょう。

【1人分 TOTAL】
371kcal
たんぱく質31.1g
塩分2.3g

ピリッとした山椒の
刺激がアクセント

主菜

ぶりとブロッコリーのマスタード蒸し

【1人分】
300kcal
たんぱく質25.7g
塩分1.1g

材料（2人分）

ぶり … 2切れ
塩 … 小さじ⅕
こしょう … 少量
ブロッコリー … 120g
玉ねぎ … ¼個
にんにく … 1かけ
A ┌ 粒マスタード … 大さじ1
　└ 白ワイン … 小さじ2
オリーブ油 … 小さじ1

作り方

❶ ブロッコリーは小房に分け、玉ねぎ、にんにくは縦半分に切る。

❷ ぶりは塩、こしょうをふる。**A**は混ぜ合わせておく。

❸ フライパンにオリーブ油を熱してぶりを並べ入れ、焼き色がついたら裏返す。①を加えて**A**をかけ、ふたをして弱火で8分、蒸し焼きにする。

副菜

さやいんげんとさつま揚げの山椒煮

【1人分】
71kcal
たんぱく質5.4g
塩分1.2g

材料（2人分）

さやいんげん … 150g
さつま揚げ … 1枚
A ┌ だし汁 … 150㎖
　│ 酒 … 小さじ2
　│ しょうゆ … 小さじ1½
　└ 砂糖 … 小さじ1
粉山椒 … 適量

作り方

❶ さやいんげんはヘタを切り、3㎝長さの斜め切りにする。さつま揚げは薄切りにする。

❷ 鍋に**A**を煮立て、①を加える。再び煮立ったら弱火にし、ふたをして7〜8分煮る。

❸ 粉山椒少量を加えて混ぜる。器に盛り、好みでさらに粉山椒をふる。

フライパン

鶏肉と大豆、根菜の炒め煮献立

【1人分 TOTAL】
321kcal
たんぱく質22.2g
塩分2.0g

和の煮ものに鶏肉を加えれば、
堂々たるメインおかずに。
ピリ辛のナムルで
味わいにメリハリをつけて、
飽きのこない献立に
仕上げましょう。

【1人分】
265kcal
たんぱく質18.5g
塩分1.5g

香ばしい焦げ目が
おいしさの秘密

主菜　鶏肉と大豆、根菜の炒め煮

材料（2人分）

鶏もも肉 … 200g
大根 … 200g
にんじん … ½本
大豆（水煮）… 60g
ごま油 … 小さじ1
A
- だし汁 … 150mℓ
- しょうゆ … 小さじ4
- 酒 … 大さじ1
- 砂糖 … 小さじ2

作り方

1. 大根、にんじんは大きめの乱切りにする。鶏肉はひと口大に切る。
2. フライパンにごま油を熱し、鶏肉、大根を入れて表面にこんがりと焼き色をつける。
3. にんじんを加えて炒め合わせ、大豆、**A**を加える。煮立ったら、ふたをして弱火で15分煮る。

副菜　ブロッコリーともやしのナムル

しっかり水気をきって
味をなじませて

【1人分】
56kcal
たんぱく質3.7g
塩分0.5g

材料（2人分）

ブロッコリー … 100g
もやし … 80g
A
- 長ねぎ（みじん切り）… 小さじ1
- 白いりごま（指でひねってつぶす）… 小さじ1
- ごま油 … 小さじ1
- 塩 … 小さじ⅙
- 一味とうがらし … 少量

作り方

1. ブロッコリーは小房に分け、もやしはひげ根をとる。
2. 鍋に湯を沸かし、もやしをゆでて取り出す。同じ湯でブロッコリーをゆで、ともにしっかり水気をきる。
3. ボウルに②、**A**を入れてあえる。

フライパン

いかとねぎ、ししとうのキムチ炒め献立

【1人分 TOTAL】
183kcal
たんぱく質21.1g
塩分2.6g

主菜はキムチの辛味と旨みを生かして、塩気を控えめにするのがポイント。歯触りのいいレタスの湯引きとの相性もぴったりです。

パンチのきいた食材同士を
組み合わせたコク旨おかず

【1人分】
154kcal
たんぱく質20.2g
塩分2.0g

主菜

いかとねぎ、ししとうのキムチ炒め

材料（2人分）

いか（下処理済）… 1ぱい（200g）
長ねぎ … 1本
ししとうがらし … 50g
白菜キムチ … 80g
ごま油 … 小さじ2
みそ … 小さじ1
酒 … 小さじ1

作り方

❶ いかの胴は1cm幅の輪切りにし、足は食べやすく切る。

❷ 長ねぎは1cm幅の斜め切りにし、ししとうがらしは縦半分に切る。キムチはざく切りにする。

❸ フライパンにごま油を熱し、いか、長ねぎを炒める。いかの色が変わったら、ししとうがらし、キムチを加えて炒め、みそ、酒で調味する。

副菜

レタスの湯引き中華ソースがけ

材料（2人分）

レタス … 6枚
ごま油 … 小さじ1½
A
- しょうゆ … 小さじ1
- オイスターソース … 小さじ½
- こしょう … 少量

作り方

❶ 鍋に湯を沸かしてごま油を入れ、大きめにちぎったレタスを入れてさっとゆでる。ザルにあげて水気をきる。

❷ 器に①を盛り、混ぜ合わせたAをかける。

フライパン

牛肉とにんじん、豆苗のオイスターソース炒め献立

食欲をそそる
チンジャオロースー風の
味わい

最初に副菜のなすを
レンジ加熱し、
冷ましている間に
主菜を作るとスムーズです。
主菜は2種の
緑黄色野菜を使って
彩りよく仕上げます。

【1人分 TOTAL】

266kcal
たんぱく質19.2g
塩分2.3g

火を使わずに作れる
手軽さがうれしい

主菜

牛肉とにんじん、豆苗のオイスターソース炒め

【1人分】
228kcal
たんぱく質17.5g
塩分1.5g

材料（2人分）

牛もも薄切り肉 … 150g

A
- 塩、こしょう … 各少量
- 酒 … 小さじ1
- 片栗粉 … 小さじ1

にんじん … 50g

豆苗 … 1袋（100g）

にんにく … ¼かけ

ごま油 … 小さじ2

B
- オイスターソース … 小さじ1
- 酒 … 小さじ1
- しょうゆ … 小さじ2
- こしょう … 少量

作り方

❶ にんじんは細切りにし、豆苗は根元を切って長さを半分に切る。にんにくはせん切りにする。牛肉は1㎝幅に切り、**A**をもみ込む。

❷ フライパンにごま油を熱して牛肉をほぐすように炒め、にんにく、にんじんを加えてさらに炒める。

❸ ②に豆苗を加えてさっと炒め、**B**で調味する。

副菜

レンジなすの中華だれ

【1人分】
38kcal
たんぱく質1.7g
塩分0.8g

材料（2人分）

なす … 3本

A
- 長ねぎ（みじん切り） … 小さじ1
- 酢 … 小さじ2
- しょうゆ … 小さじ1½
- 豆板醤 … 小さじ¼
- 砂糖 … 小さじ⅙
- ごま油 … 小さじ½

作り方

❶ なすはヘタを切り落とし、1本ずつラップで包む。重ならないように電子レンジ（600W）に入れて4分加熱し、そのまま冷ます。

❷ ①を縦4等分に切り、器に盛る。混ぜ合わせた**A**をかける。

フライパン

たいのサワー アクアパッツァ献立

酢の効果で奥行きのあるおいしさに

魚介と野菜をぜいたくに使ったアクアパッツァに、ほうれん草入りのシーザーサラダを合わせたごちそうイタリアン。バゲットや白ワインを添えても。

【1人分 TOTAL】

249kcal
たんぱく質22.1g
塩分2.3g

アンチョビーの隠し味で本格派の味わい

主菜　たいのサワーアクアパッツァ

【1人分】
189kcal
たんぱく質19.6g
塩分1.6g

材料（2人分）

たい … 2切れ
あさり（殻付き・砂抜きしたもの）… 150g
ズッキーニ … ½本
ミニトマト … 6個
にんにく … 1かけ
オリーブ油 … 小さじ1
白ワイン … 大さじ2
A
- 水 … カップ1
- 酢 … 大さじ1
- ローリエ … 1枚
- タイム（あれば）… 1枝
- 塩 … 小さじ⅙
- こしょう … 少量

塩、こしょう … 各適量

作り方

❶ あさりは殻をよく洗う。ズッキーニは厚めのいちょう切りにし、ミニトマトはヘタをとる。にんにくは縦半分に切る。たいは塩、こしょう各少量をふる。

❷ フライパンにオリーブ油とにんにくを入れて熱し、たいを入れて両面に焼き色をつける。白ワインを加えて煮立て、あさり、ズッキーニ、ミニトマト、**A**を加える。

❸ 煮立ったら弱火にし、ふたをして約10分煮る。塩、こしょうで味をととのえる。

副菜　レタスとほうれん草のシーザーサラダ

【1人分】
60kcal
たんぱく質2.5g
塩分0.7g

材料（2人分）

レタス … 3枚
サラダほうれん草 … 40g
A
- アンチョビー（細かく刻む）… ½枚分
- にんにく（みじん切り）… 少量
- プレーンヨーグルト … 大さじ2
- レモン汁 … 小さじ1
- 塩 … 小さじ⅛
- こしょう … 少量
- オリーブ油 … 小さじ1½

粉チーズ … 小さじ2

作り方

❶ レタスは食べやすくちぎり、サラダほうれん草は3㎝長さに切る。合わせて器に盛る。

❷ **A**は混ぜ合わせて①にかけ、粉チーズをふる。

フライパン

えびとブロッコリーのかき揚げ献立

【1人分 TOTAL】
380kcal
たんぱく質20.4g
塩分0.9g

揚げものも
フライパン揚げなら
油の量も少なくすんで手軽です。
塩気が欲しいときは、
大根おろしに
しょうゆを少しだけたらして。

味つけ不要。
レモンを搾る
だけでおいしい！

【1人分】
341kcal
たんぱく質13.9g
塩分0.2g

主菜　えびとブロッコリーのかき揚げ

材料（2人分）

えび … 6尾
ブロッコリー … 80g
玉ねぎ … ⅛個
溶き卵 … ½個分
小麦粉 … カップ¼
揚げ油 … 適量
大根おろし … 100g
レモン … ⅛個

作り方

1. ブロッコリーは小さめの小房に分け、玉ねぎは薄切りにする。えびは殻をむいて背わたをとり、3～4等分に切る。
2. 溶き卵に冷水適量を混ぜてカップ¼にし、小麦粉を加えてさっくり混ぜる。これに①を加えてさっと混ぜる。
3. フライパンに揚げ油を1.5～2㎝深さに入れて160℃に熱し、②を⅙量ずつ木べらにのせ、滑らせて入れる。ときどき上下を返しながら、カラリと揚げる。
4. 器に③を盛り、水気をきった大根おろしとレモンを添える。

副菜　たたききゅうりと蒸し鶏のわさび酢あえ

材料（2人分）

ささみ … 1本
塩 … 少々
酒 … 小さじ1
きゅうり … 1本
A
- 酢 … 小さじ2
- 砂糖 … 小さじ½
- 塩 … 小さじ⅙
- 練りわさび … 少量

作り方

1. ささみは筋があれば取り、塩、酒をふってラップで包み、電子レンジ（600W）で1分加熱する。そのまま冷まし、太めに手で割く。
2. きゅうりはめん棒などでたたき、ひと口大に切る。
3. ボウルに**A**を混ぜ合わせ、①、②を加えてさっとあえる。

無理なく作れる朝・昼のバランス献立

夜だけでなく、朝食や昼食もしっかり食べることがシニアの体づくりのカギ。たんぱく質とたっぷりの野菜を心がけると自然とバランスが整ってきます。

朝食1

トーストで

洋風朝食献立

【1人分 TOTAL】
510kcal
たんぱく質21g
塩分2.3g

野菜炒めはサラダに、目玉焼きはスクランブルエッグに代えても。牛乳が苦手な人はカフェオレなどに。

ベーコンの旨みで野菜をもりもり食べられる

野菜炒め

材料（2人分）と作り方

❶ キャベツ2枚はざく切り、玉ねぎ½個は薄切り、にんじん40gは短冊切りにする。

❷ ベーコン1枚は1cm幅に切る。

❸ フライパンにサラダ油小さじ2を熱してベーコンをさっと炒め、①とホールコーン50gを加えて炒め合わせる。野菜に火が通ったら塩小さじ⅕、こしょう少量で調味する。

【1人分】117kcal／たんぱく質2.7g／塩分0.9g

目玉焼き： 卵1個分
牛乳： コップ1杯（200mℓ）
トースト： 食パン（6枚切り）1枚＋バター4g（小さじ1）

＊「材料（2人分）」と記していないものは1人分です。

朝食2

ごはんで和朝食献立

具だくさんのみそ汁や簡単もみ漬けで
野菜をたっぷり摂ります。
しらす干しやヨーグルトで
カルシウムを補給。

【1人分 TOTAL】
309kcal
たんぱく質23.4g
塩分2.1g

さっぱり味の簡単即席漬け

キャベツのもみ漬け

材料（2人分）と作り方

❶ キャベツ2枚（120g）は太めのせん切りにする。青じそ2枚はせん切りにする。

❷ ポリ袋に、①、塩小さじ⅕を入れ、袋の上からもむ。空気を抜くように口を閉じ、約15分おく。

【1人分】9kcal／たんぱく質0.5g／塩分0.4g

ブロッコリーのビタミンを汁ごといただく

ブロッコリーとえのきのみそ汁

材料（2人分）と作り方

❶ ブロッコリー80gは小房に分ける。えのきだけ50gは石づきを切り落とし、長さを半分に切る。

❷ 鍋にだし汁カップ1½を煮立て、①を入れて中火で2分煮る。みそ大さじ1を溶き入れ、ひと煮立ちさせる。

【1人分】37kcal／たんぱく質3.7g／塩分1.2g

しらす納豆：納豆1パック＋しらす干し大さじ1
温泉卵：卵1個分
ヨーグルト：プレーンヨーグルト100g＋好みのジャム小さじ2

朝食3

トーストで洋風ブランチ献立

キャベツをのせてトーストすれば1食分の淡色野菜が摂れます。卵入りスープとヨーグルトでたんぱく質を補って。

【1人分 TOTAL】
346kcal
たんぱく質16.9g
塩分2.3g

粉チーズを入れた卵でコクをプラス

トマトのかきたまスープ

材料（2人分）と作り方

❶ トマト½個、玉ねぎ¼個は、食べやすい大きさのくし形切りにする。

❷ 鍋に、水カップ2、顆粒コンソメスープの素小さじ½、①の玉ねぎを入れて煮立て、3～4分煮る。トマト、こしょう少量を加える。

❸ 卵2個は割りほぐし、粉チーズ小さじ2を加えて混ぜる。②に回し入れ、ひと煮する。

【1人分】97kcal／たんぱく質7.5g／塩分0.5g

明太マヨネーズでこっくり味に

キャベツ明太マヨトースト

材料（2人分）と作り方

❶ キャベツ2枚は細切りにする。明太子30gは薄皮からしごき出し、マヨネーズ大さじ1½を混ぜて明太マヨネーズにする。

❷ 食パン（6枚切り）2枚に、①のキャベツをのせ、明太マヨネーズを斜め格子状にかける。オーブントースターで5～6分焼く。

【1人分】249kcal／たんぱく質9.4g／塩分1.8g

ヨーグルト：プレーンヨーグルト100g
オレンジ：½個

昼食1

スパゲッティで なすのミートスパゲッティ献立

めん類は野菜が不足しがちなので、トマト&なすを入れたり、サラダを添えたりして野菜を増やして。

【1人分 TOTAL】
607kcal
たんぱく質27.0g
塩分3.2g

家にある野菜で食物繊維とビタミンをプラス

定番野菜サラダ

材料(2人分)と作り方

❶ レタス1枚はちぎり、きゅうり½本、トマト½個、セロリ(筋を取ったもの)¼本は食べやすく切る。

❷ ①を器に盛り、市販のドレッシング大さじ1½をかける。

【1人分】55kcal／たんぱく質0.7g／塩分0.8g

赤身の多い合いびき肉を使ってヘルシーに

なすのミートスパゲッティ

材料(2人分)と作り方

❶ なす2本は1㎝幅の輪切りにする。玉ねぎ¼個、にんにく½かけはみじん切りにし、赤とうがらし½本は種を除き、小口切りにする。

❷ フライパンにオリーブ油小さじ2を熱して合いびき肉150gを炒め、①を加えてさらに炒める。油が回ったらトマト水煮缶(カットタイプ)½缶(200g)を加え、煮立ったら弱火にし、ふたをして3〜4分煮る。

❸ 塩小さじ⅓、こしょう少量で味を調える。

❹ 鍋に湯を沸かして塩適量を入れ、スパゲッティ160gを袋の表示通りにゆでる。水気をきって③に入れてからめ、器に盛り、粉チーズ小さじ2をかける。

【1人分】552kcal／たんぱく質26.3g／塩分2.4g

【1人分 TOTAL】
568kcal
たんぱく質23.3g
塩分2.4g

昼食2

ごはんで具だくさん中華丼献立

豚肉と色とりどりの野菜を炒め合わせ、
味わいも豊かに。
簡単スープを添えて
バランスよく仕上げます。

時短食材でパッと作れる

貝割れ大根とのりのスープ

材料（2人分）と作り方

❶ 貝割れ大根½パックは長さを半分に切る。焼きのり（全形）½枚はちぎる。

❷ 鍋に水カップ1½、顆粒中華スープの素小さじ½を入れて煮立て、塩、こしょう各少量、しょうゆ小さじ1で調味する。①を加えてひと煮立ちさせる。

【1人分】8kcal／たんぱく質0.8g／塩分1.0g

野菜あんたっぷりのボリューム丼

具だくさん中華丼

材料（2人分）と作り方

❶ 豚もも薄切り肉150gはひと口大に切り、塩、こしょう各少量をふる。長ねぎ½本は1～2㎝幅の斜め切り、にんじん40gは短冊切り、白菜2枚、しいたけ2枚はそぎ切りにする。

❷ フライパンにサラダ油小さじ2を熱して豚肉を炒め、長ねぎ、にんじん、しいたけを加えて炒める。全体に油が回ったら、白菜を加えて炒め合わせる。

❸ 水カップ1½、顆粒鶏ガラスープの素小さじ½、砂糖小さじ½、酒小さじ2、しょうゆ小さじ1、オイスターソース小さじ1を加え、煮立ったら弱火にして2～3分煮る。

❹ 水溶き片栗粉（片栗粉大さじ1＋水大さじ2）でとろみをつけ、ごま油小さじ1を加えてひと煮立ちさせる。器にごはん茶碗2杯分を盛り、かける。

【1人分】560kcal／たんぱく質22.5g／塩分1.4g

昼食3

ごはんで

さばの塩焼き献立

肉のおかずが続いた時は、
お昼を魚にしても。
ひじきで食物繊維やカルシウムも
ゲットしましょう。

【1人分 TOTAL】
330kcal
たんぱく質22.9g
塩分3.6g

ホクホクのじゃがいもに心もほっこり

じゃがいもと長ねぎのみそ汁

材料（2人分）と作り方

❶ じゃがいも1個は厚めのいちょう切りにし、水にさらして水気をきる。長ねぎ4㎝は小口切りにする。

❷ 鍋にだし汁350㎖、じゃがいもを入れて火にかけ、煮立ったら弱火にしてふたをし、7〜8分煮る。

❸ じゃがいもがやわらかくなったらみそ大さじ1を溶き入れ、長ねぎを入れてひと煮立ちさせる。

【2人分】
53kcal
たんぱく質2.6g
塩分1.2g

多めに作って常備菜にしても

ひじきの炒め煮

材料（2人分）と作り方

❶ 乾燥ひじき20gは洗ってたっぷりの水でもどし、水気をきる。にんじん20gは太めのせん切り、油揚げ½枚は横半分に切ってから短冊切りにする。

❷ 鍋にサラダ油小さじ1を熱してにんじんを炒め、ひじき、油揚げを加えてさっと炒める。だし汁カップ⅔、酒大さじ1、しょうゆ大さじ1、砂糖大さじ1を加えて混ぜる。煮立ったら弱火にし、ふたをして10分ほど煮る。

【2人分】
104kcal
たんぱく質3.7g
塩分1.5g

塩で臭みを抜いて香ばしく焼き上げて

さばの塩焼き

材料（2人分）と作り方

❶ さば2切れは、皮目の身が厚い部分に深さ5㎜、長さ5㎝ほどの切り込みを入れ、塩小さじ⅓をふって5分おく。出てきた水分を拭く。

❷ 両面焼きの魚焼きグリルを温め、皮目を上にして中火で7〜8分焼く（片面焼きグリルの場合は皮目を下にして4分焼き、裏返して4分焼く）。器に盛る。

❸ 大根100gはすりおろして水気をきり、②に添える。

【2人分】
173kcal
たんぱく質16.6g
塩分0.9g

Column 2

朝食が楽しくなる トーストアレンジ4

トーストに具材をトッピングすれば、栄養が手軽にプラスできて朝食がもっと楽しくなります。しらす干しや納豆などの和素材もパンに合います。

Arrange 1

シニアが積極的に摂りたいカルシウムが満載

しらすチーズトースト

【1人分】
237kcal
たんぱく質13.0g
塩分1.5g

材料（2人分）

食パン（6枚切り）…2枚
しらす干し…大さじ4
青じそ…4枚
ピザ用チーズ…40g

作り方

❶ しらす干しはザルに入れ、熱湯をかけて水気をきる。

❷ 食パンに、ちぎった青じそ、①、チーズの順にのせ、オーブントースターで5～6分焼く。

納豆マヨは定番にしたいおいしさ！

納豆のりトースト

【1人分】
299kcal
たんぱく質14.2g
塩分1.6g

材料（2人分）

食パン（6枚切り）…2枚
納豆…2パック
焼きのり（全形）…½枚
マヨネーズ…大さじ1

作り方

❶ 納豆は付属のたれ、からしを加えてよく混ぜる。のりは半分に切る。

❷ 食パンにのりをのせ、納豆を広げてマヨネーズをかける。オーブントースターで5～6分焼く。

Arrange 2

3 Arrange

ビタミンEたっぷりのカラフルトースト

アボカドとトマトのチーズトースト

材料（2人分）

食パン（6枚切り）… 2枚
アボカド … 小1個
ミニトマト … 6個
ピザ用チーズ … 40g

作り方

❶ アボカドは縦半分に切って種と皮を除き、5㎜幅に切る。ミニトマトは縦半分に切る。

❷ 食パンに①をのせてチーズを散らし、オーブントースターで5～6分焼く。

【1人分】
314kcal
たんぱく質11.7g
塩分1.0g

4 Arrange

コーンのやさしい甘みが広がります

ハムコーントースト

材料（2人分）

食パン（6枚切り）… 2枚
ハム … 2枚
ホールコーン … 60g
A ┌ プレーンヨーグルト … 大さじ1
A │ マヨネーズ … 小さじ2
A └ 塩、こしょう … 各少量
粉チーズ … 小さじ2

作り方

❶ コーンは**A**と混ぜ合わせる。

❷ 食パンに、ハム、①の順にのせ、粉チーズをふる。オーブントースターで5～6分焼く。

【1人分】
245kcal
たんぱく質9.7g
塩分1.5g

3章

具だくさんで満たされる

おかずになる スープ&汁もの シニア献立

汁ものはおかずに添えるもの、というイメージがありますが、
肉や魚などのたんぱく質をプラスして具だくさんにすれば、
食べごたえ満点で立派な〝メインおかず〟として成立します。
なにより具材の旨みが溶け出したスープは絶品。
身も心も温かく満たされます。

スープ・汁もの

肉だんごと春雨のスープ献立

【1人分 TOTAL】
296kcal
たんぱく質22.3g
塩分2.4g

肉だんごや野菜からだしが出て、しみじみおいしいおかずスープです。ひき肉は赤身を使えばよりヘルシー。個性派のサラダと合わせて。

栄養バランス抜群のボリュームスープ

【1人分】
210kcal
たんぱく質17.3g
塩分1.7g

主菜 肉だんごと春雨のスープ

材料（2人分）

豚ひき肉（赤身）… 200g

A ┌ 塩、こしょう … 各少量
  └ ごま油 … 小さじ1

長ねぎ（みじん切り）… 大さじ1

春雨 … 20g

ほうれん草 … 100g

トマト … ½個

しいたけ … 2枚

酒 … 小さじ2

B ┌ 塩 … 小さじ½弱
  │ こしょう … 少量
  └ しょうゆ … 小さじ½

好みで粗びき黒こしょう … 適量

作り方

❶ 春雨は熱湯でもどして水気をきり、食べやすい長さに切る。ほうれん草は3cm長さに切り、トマトは乱切りにする。しいたけは石づきを取って4つ割りにする。

❷ ひき肉は**A**を加えて粘り気が出るまで混ぜ、長ねぎを加えてひと口大に丸める。

❸ 鍋に水500mℓと酒を入れて沸騰させ、肉だんご、しいたけを入れる。煮立ったら弱火にし、ふたをして7～8分煮る。

❹ 春雨、残りの野菜を加え、**B**で調味する。器に盛り、好みで粗びき黒こしょうをふる。

副菜 パクチーと大根の納豆サラダ

材料（2人分）

パクチー … 40g

大根 … 150g

納豆 … 1パック

A ┌ 赤とうがらし（小口切り）… ½本分
  │ 砂糖 … 2つまみ
  │ ナンプラー … 小さじ⅔
  │ レモン汁 … 小さじ1½
  │ しょうゆ … 小さじ½
  └ オリーブオイル … 小さじ1

作り方

❶ パクチーは3cm長さに切り、大根はせん切りにし、合わせて器に盛る。

❷ 納豆は**A**を加えて混ぜ、①にかける。

エスニック×和の
組み合わせが新鮮

【1人分】
86kcal
たんぱく質5.0g
塩分0.7g

スープ・汁もの

チキンクリームシチュー献立

やさしいとろみで
体がポカポカに。
牛乳でカルシウムも摂取

シチューはルウから作れば
余分な塩分や油が
カットできて味わいも本格的。
酸味のきいたサラダを合わせて、
後口もさっぱり。

【1人分 TOTAL】

395kcal
たんぱく質26.6g
塩分2.4g

生の白菜のサクサクした
食感を堪能

主菜

チキンクリームシチュー

【1人分】
323kcal
たんぱく質23.5g
塩分1.5g

材料（2人分）

鶏むね肉 … 200g
じゃがいも … 1個
玉ねぎ … ½個
にんじん … ⅓本
しめじ … ½パック
ブロッコリー … 40g
サラダ油 … 小さじ1
A［水 … カップ1½
固形コンソメスープの素 … ¼個
ローリエ … 1枚］
B［小麦粉 … 大さじ2
バター … 大さじ1］
牛乳 … カップ1
塩、こしょう … 各適量

作り方

❶ じゃがいもは4等分に切って水にさらし、水気をきる。玉ねぎはくし形切り、にんじんは1cm幅の輪切りにする。しめじは石づきを取って小房に分ける。ブロッコリーは小房に分けて水にくぐらせ、耐熱ボウルに入れてふんわりとラップをかけ、電子レンジ（600W）で30秒加熱する。鶏肉はひと口大に切り、塩、こしょう各少量をふる。

❷ 鍋にサラダ油を熱して玉ねぎを炒め、鶏肉、じゃがいも、にんじんを加えて炒める。**A**を加え、煮立ったら弱火にし、ふたをして約10分煮る。しめじを加え、さらに5分煮る。

❸ 耐熱容器に**B**を入れ、ラップなしで電子レンジで1分加熱し、混ぜる。牛乳カップ½を加えて混ぜ合わせてから、②に溶かし入れる（こうするとだまにならない）。

❹ さらに牛乳カップ½を加えて混ぜ、とろみがついたら、塩小さじ¼、こしょう少々で味をととのえる。器に盛り、ブロッコリーを添える。

副菜

白菜とハムのこしょう風味サラダ

【1人分】
72kcal
たんぱく質3.1g
塩分0.9g

材料（2人分）

白菜 … 2枚
ハム … 2枚
A［酢 … 小さじ2
塩 … 小さじ⅙
砂糖 … ひとつまみ
粗びき黒こしょう … 少量
オリーブオイル … 小さじ1½］

作り方

❶ 白菜は軸を細切りにし、葉は食べやすくちぎる。ハムは短冊切りにする。

❷ ボウルに**A**を混ぜ合わせ、①を加えてあえる。

スープ・汁もの

豚肉と厚揚げ、なす、にらのごまみそ汁献立

シニアが摂りたいたんぱく質やビタミンEがたっぷり

いつものみそ汁も、具を大きめにカットしたり豚肉や厚揚げを加えたりすることで満足感が高まります。仕上げのすりごまでコク深い味わいに。

【1人分 TOTAL】
265kcal
たんぱく質20.2g
塩分2.3g

ザーサイの旨みでいただく簡単野菜炒め

主菜

豚肉と厚揚げ、なす、にらのごまみそ汁

【1人分】
199kcal
たんぱく質18.9g
塩分1.3g

材料（2人分）

豚もも薄切り肉 … 150g
なす … 2本
にら … ½束
厚揚げ … ½枚
だし汁 … カップ2
みそ … 大さじ1
白すりごま … 大さじ½

作り方

❶ なすは縞めに皮をむいてから厚めの輪切りにし、水にさらして水気をきる。にらは3cm長さに切る。厚揚げは熱湯を回しかけ、横半分に切ってから1cm幅に切る。豚肉はひと口大に切る。

❷ 鍋にだし汁を煮立て、豚肉、なす、厚揚げを入れる。煮立ったら弱火にし、ふたをして約5分煮る。

❸ みそを溶き入れ、にらを加えてひと煮立ちさせる。すりごまを加える。

副菜

キャベツとピーマンのザーサイ炒め

【1人分】
66kcal
たんぱく質1.3g
塩分1.0g

材料（2人分）

キャベツ … 2枚
ピーマン … 2個
味つきザーサイ … 20g
ごま油 … 小さじ2
A 酒 … 小さじ1
A 塩、こしょう … 各少量
A しょうゆ … 小さじ½

作り方

❶ キャベツは大きめのざく切りにし、ピーマンは乱切りにする。ザーサイは粗く刻む。

❷ フライパンにごま油を熱し、ピーマン、キャベツを炒める。ザーサイ、**A**を加えて炒め合わせる。

スープ・汁もの

たらと豆のトマトチャウダー献立

【1人分 TOTAL】
217kcal
たんぱく質23.6g
塩分1.7g

たらは消化が良く、加熱しても身が固くなりにくいのがいいところ。鮮やかなトマトスープの赤で食卓が華やぎます。

キドニービーンズの食感が楽しい

【1人分】
199kcal
たんぱく質21.6g
塩分1.2g

主菜 たらと豆のトマトチャウダー

材料（2人分）

生たら … 2切れ
キドニービーンズ（水煮）… 50g
玉ねぎ … ¼個
にんじん … 50g
セロリ … ½本
セロリの葉 … 適量
オリーブ油 … 大さじ1
にんにく（みじん切り）… ¼かけ分
トマト水煮缶（カットタイプ）… 150g
塩、こしょう … 各適量

作り方

❶ 玉ねぎ、にんじんは1cm角に切る。セロリは筋を取って1cm角に切り、葉は食べやすくちぎる。たらはひと口大に切り、塩、こしょう各少量をふる。

❷ 鍋にオリーブ油とにんにくを入れて火にかけ、香りが立ったら、玉ねぎ、セロリ、にんじんを加えて炒める。水300mℓを加え、煮立ったら弱火にし、ふたをして約10分煮る。

❸ たら、キドニービーンズ、トマト缶を加えてさらに7〜8分煮る。塩小さじ¼、こしょう少量、セロリの葉を加えてひと煮立ちさせる。

副菜 クレソンとしめじのごまびたし

クレソンは季節の青菜でアレンジしても

【1人分】
18kcal
たんぱく質2.0g
塩分0.5g

材料（2人分）

クレソン … 1束（100g）
しめじ … ½パック
しょうゆ … 小さじ1
白いりごま … 小さじ⅓

作り方

❶ しめじは小房に分ける。鍋に湯を沸かし、しめじをゆでて取り出す。

❷ ①と同じ湯でクレソンをゆで、水にとって水気を絞り、3cm長さに切る。

❸ ボウルに①、②、しょうゆを入れてあえる。器に盛り、白いりごまを指先でひねってふる。

スープ・汁もの

鶏肉入りけんちん汁献立

心が和む、
あっさりしょうゆ味

おなじみのけんちん汁に、
鶏もも肉を加えて
動物性たんぱく質をプラス。
ピリ辛のきのこの
あえものとも相性抜群。
体が温まります。

焼き目の香ばしさで
おいしさ倍増

【1人分 TOTAL】

247kcal
たんぱく質18.4g
塩分2.7g

主菜　鶏肉入りけんちん汁

【1人分】
207kcal
たんぱく質14.2g
塩分1.9g

材料（2人分）

鶏もも肉…100g
ごぼう…40g
にんじん…40g
白菜…2枚
長ねぎ…¼本
木綿豆腐…⅓丁
ごま油…小さじ1½
A［だし汁…カップ2
　 酒…小さじ2
B［塩…小さじ¼
　 しょうゆ…小さじ2
好みで七味とうがらし…適量

作り方

1. ごぼうは皮をこそげて乱切りにし、水にさらして水気をきる。にんじんは5mm幅の半月切り、白菜は大きめの短冊切りにする。長ねぎは1cm幅の小口切りにする。鶏肉はひと口大に切る。
2. 鍋にごま油を熱して、ごぼう、にんじん、鶏肉を炒め、**A**を加えて煮立てる。白菜を入れ、再び煮立ったら弱火にし、ふたをして約10分煮る。
3. 長ねぎ、食べやすい大きさにちぎった豆腐、**B**を入れて4～5分煮る。器に盛り、好みで七味とうがらしをふる。

副菜　焼ききのことかまぼこのゆずこしょうあえ

【1人分】
40kcal
たんぱく質4.2g
塩分0.8g

材料（2人分）

まいたけ…1パック
エリンギ…2本
かまぼこ…30g
A［ゆずこしょう…小さじ⅕
　 しょうゆ…小さじ½

作り方

1. まいたけは大きくほぐす。エリンギは長さを半分に切り、縦半分に切る。かまぼこは薄切りにする。
2. 魚焼きグリルにまいたけとエリンギを並べ、香ばしく焼く。
3. ボウルに**A**を混ぜ合わせ、食べやすくほぐした②、かまぼこを入れてあえる。

Column 3

もう一品欲しいときの作りおきおかず

もう一品足したいときに便利な作りおきおかず。水気をよくきったり、しっかり煮て水分をとばしたりすると、濃い味つけにしなくても日持ちします。

たんぱく質たっぷり

旨みが詰まったごちそうおかず

牛肉ときのこのしぐれ煮

【全量】
559kcal
たんぱく質45.5g
塩分4.1g

材料（6食分）

牛切り落とし肉（赤身）… 200g
まいたけ … 1パック
えのきだけ … 1袋
しょうが … ½かけ
サラダ油 … 小さじ1
A しょうゆ … 大さじ1½
A 酒 … 大さじ1
A 砂糖 … 大さじ1

作り方

❶ まいたけは小房に分け、えのきだけは石づきを切ってほぐす。しょうがはせん切りにする。

❷ フライパンにサラダ油を熱して牛肉を炒め、①を加えてさらに炒める。

❸ **A**を加えてふたをし、ときどき混ぜながら中火で7～8分煮る。

ツナとにんじんのサラダ

ヨーグルトとレモン汁ですっきりした味わいに

【全量】
458kcal
たんぱく質33.0g
塩分2.9g

材料（6食分）

ツナ缶（オイル漬け）… 大1缶
レモン汁 … 大さじ1½
にんじん … 大1本
塩 … 小さじ¼

A
- マヨネーズ … 大さじ1
- プレーンヨーグルト … 大さじ1
- 塩、こしょう … 各少量

作り方

❶ にんじんは4〜5cm長さの細切りにし、塩を混ぜ、しんなりしたら水気を絞る。

❷ ボウルに缶汁をきったツナを入れて大きめにほぐし、レモン汁を加えて混ぜる。①、**A**を加えてさっくりと混ぜる。

鶏ひき肉と玉ねぎの肉みそ

ごはんのお供や野菜炒めの具にも

【全量】
479kcal
たんぱく質47.7g
塩分9.0g

材料（8食分）

鶏ひき肉 … 200g
玉ねぎ … ½個
ごま油 … 小さじ1

A
- みそ … 大さじ4
- 砂糖 … 大さじ1
- 酒 … 大さじ1

作り方

❶ 玉ねぎは1cm角に切る。

❷ 小さめのフライパンにごま油を熱して玉ねぎを炒め、ひき肉を加えてさらに炒める。

❸ 全体がポロポロになったら火を止め、**A**を加えてよく混ぜる。再び中火にかけ、ぽってりするまで練り合わせる。

食物繊維たっぷり

切り干し大根とパプリカのカレー酢あえ

材料（6食分）

切り干し大根 … 40g
赤パプリカ … ½個
塩 … 少量
A
- だし汁 … 50mℓ
- 酢 … 大さじ4
- 砂糖 … 大さじ1¼
- カレー粉 … 小さじ½強
- 塩 … 小さじ¼

作り方

1. 切り干し大根はもみ洗いし、かぶるくらいの水で15分ほどもどし、水気を絞る。
2. パプリカは細切りにし、塩を混ぜて軽くもみ、水気を絞る。
3. ボウルに**A**を入れて混ぜ合わせ、①、②をあえる。

ポリッとした食感が心地よい快腸おかず

【全量】
199kcal
たんぱく質4.9g
塩分2.0g

こんにゃくとじゃこの山椒炒め

材料（6食分）

こんにゃく … 2枚
ちりめんじゃこ … 大さじ4
ごま油 … 小さじ1
A
- 酒 … 大さじ2
- しょうゆ … 大さじ1
- 砂糖 … 小さじ1

粉山椒 … 少量

作り方

1. こんにゃくはひと口大にちぎってゆでる。
2. フライパンにごま油を熱し、じゃこ、こんにゃくの順に入れ、その都度炒める。**A**を加え、汁気がなくなるまで弱火で炒める。
3. 粉山椒をふって混ぜ合わせる。

仕上げの山椒で風味がアップ

【全量】
155kcal
たんぱく質8.5g
塩分3.8g

さつまいもとエリンギのきんぴら

蒸し焼きで旨みを凝縮させて

【全量】
391kcal
たんぱく質5.8g
塩分2.1g

材料（6食分）

さつまいも … 200g
エリンギ … 1パック（100g）
オリーブ油 … 小さじ1½
A
- みりん … 小さじ2
- しょうゆ … 小さじ2
- 塩 … 少量

黒いりごま … 小さじ⅓

作り方

1. さつまいもは皮つきのまま細切りにし、さっと水に浸してザルにあげる。エリンギは長さを半分に切り、縦に細切りにする。
2. フライパンにオリーブ油を熱してさつまいもを炒め、ふたをして弱火で3～4分蒸し焼きにする。
3. 火が通ったら、エリンギを加えて中火で炒め合わせる。**A**で調味し、黒いりごまを加えて混ぜる。

ひじきと小松菜のナムル

韓国風のしっかり味つけで食欲増進

【全量】
155kcal
たんぱく質3.4g
塩分3.9g

材料（6食分）

乾燥ひじき … 10g
小松菜 … 100g
A
- 長ねぎ（みじん切り）… 小さじ1
- 白いりごま … 小さじ1
- しょうゆ、ごま油 … 各小さじ2
- 砂糖 … 小さじ1
- 塩 … 小さじ¼
- 一味とうがらし … 少量

作り方

1. ひじきは洗い、たっぷりの水でもどす。
2. 鍋に湯を沸かして小松菜をゆでる。取り出して水にとり、水気を絞って3㎝幅に切る。
3. ②と同じ湯にひじきを入れてさっとゆで、ざるにあげて水気をしっかりきる。
4. ボウルに**A**を混ぜ、②、③を入れてあえる。

4章

ごはんとおかずを一皿で

のっけて、混ぜて どんぶり シニア献立

ごはんとおかずを一緒に頬張れるどんぶりは、
簡単なのにちょっと特別感があって、ことさらおいしく感じるもの。
メイン食材に肉、魚、豆腐を使って、食物繊維が豊富な
野菜や海藻を合わせれば、食べごたえがアップするうえ
お腹もすっきりして一石二鳥です。

どんぶり

きじ焼き丼献立

【1人分 TOTAL】
582kcal
たんぱく質30.2g
塩分3.2g

きじ焼き丼は、にんじんやたけのこ、長ねぎや水菜などを加えたバラエティ丼。色合いもきれいです。スープはわかめであっさりと。

和の甘辛味で食欲が進みます

【1人分】
554kcal
たんぱく質28.6g
塩分2.3g

主菜 きじ焼き丼

材料(2人分)

ごはん … どんぶり2杯分
鶏もも肉(皮なし) … 200g
塩 … 少量
にんじん … 40g
水菜 … 80g
長ねぎ … ½本
たけのこ(水煮) … 100g
サラダ油 … 小さじ1½
A しょうゆ … 大さじ1½
A みりん … 大さじ1½
A 砂糖 … 小さじ1
A 白すりごま … 小さじ2
焼きのり(全形) … ¼枚

作り方

❶ にんじんは5㎜幅の輪切りにする。水菜と長ねぎはともに2㎝長さに切る。たけのこは根元を5㎜幅の半月切りにし、穂先は縦4～6等分に切る。鶏肉はひと口大に切り、塩をふる。

❷ フライパンにサラダ油を熱して鶏肉とにんじんを入れ、中火～弱火で色よく焼く。途中で長ねぎ、たけのこを加えて一緒に焼き、取り出す。

❸ 同じフライパンに**A**を入れ、混ぜながら軽く煮詰める。鶏肉を戻し入れてからめる。

❹ 器にごはんを盛り、のりをもんで散らす。水菜を敷き、鶏肉、焼いた野菜を盛り、フライパンに残ったたれをかける。

副菜 もやしとわかめ、コーンのスープ

材料(2人分)

もやし … 100g
乾燥カットわかめ … 大さじ1
ホールコーン … 40g
A 水 … 350㎖
A 顆粒鶏ガラスープの素 … 小さじ½
B しょうゆ … 小さじ½
B 塩、こしょう … 各少量

作り方

❶ わかめは水でもどし、水気を絞る。もやしはひげ根を取る。

❷ 鍋に**A**を入れて煮立て、コーン、もやしを入れて煮る。わかめを加え、**B**で調味する。

どんぶり

わかめと野菜入りてこね寿司献立

食物繊維も摂れる
ヘルシー寿司

まぐろをたれに漬け込んで"づけ"にするのがおいしさのポイント。わさびを効かせると、塩気を控えても物足りなさは感じにくくなりますよ。

【1人分 TOTAL】

538kcal
たんぱく質33.9g
塩分2.5g

みそマヨを塗れば
あとはトースターまかせ

主菜

わかめと野菜入りてこね寿司

【1人分】
452kcal
たんぱく質28.1g
塩分2.1g

材料（2人分）

ごはん … 400g

A
- 酢 … 大さじ3
- 砂糖 … 小さじ2
- 塩 … 小さじ⅓
- しょうが（みじん切り）… ½かけ分

まぐろ（赤身・刺身用）… 200g

B
- しょうゆ … 小さじ2
- みりん … 小さじ1
- 練りわさび … 少量

乾燥カットわかめ … 小さじ2
きゅうり … 1本
水菜 … 80g
青じそ … 4枚

作り方

❶ 大きめのボウルに**A**を混ぜ合わせ、ごはんを加えてさっくりと混ぜる。

❷ まぐろは8㎜幅のそぎ切りにする。別のボウルに**B**、まぐろを入れてからめ、4～5分おく。

❸ わかめは水でもどして、水気を絞る。きゅうりは小さめの角切りにし、水菜は2㎝幅に切る。青じそはちぎる。

❹ ①に②、③を加えてさっくり混ぜる。

【1人分】
86kcal
たんぱく質5.8g
塩分0.4g

副菜

厚揚げのみそマヨ田楽

材料（2人分）

厚揚げ … ½枚（100g）

A
- マヨネーズ … 小さじ1
- みそ … 小さじ1

作り方

❶ 厚揚げは厚みを半分に切り、さらに斜め半分に切る。

❷ **A**を混ぜ合わせ、厚揚げの片面（白い面）に塗る。アルミホイルにのせ、オーブントースターで5～6分、焦げ目がつくまで焼く。

どんぶり

豆腐ごはん ザーサイだれかけ献立

中華風のたれが
おいしさの決め手

丼にちぎった豆腐をのせると
ヘルシーな中にも
ボリュームが出て
満足度がアップ。
野菜は家にあるもので
アレンジできます。

【1人分 TOTAL】
504kcal
たんぱく質17.3g
塩分2.8g

ごま油で炒めて
香ばしさとコクをプラス

主菜

豆腐ごはんザーサイだれかけ

【1人分】
438kcal
たんぱく質14.7g
塩分1.9g

材料（2人分）

ごはん…400g
木綿豆腐…150g
レタス…2枚
きゅうり…1本
にんじん…40g
焼き豚…2切れ（30g）

A
- 味つきザーサイ（みじん切り）…20g
- 長ねぎ（みじん切り）…小さじ1
- 赤唐辛子（小口切り）…½本分
- しょうゆ…小さじ2
- 酢…小さじ1
- ごま油…小さじ1

作り方

❶ 豆腐はペーパータオルで包み、上に皿を数枚重ねて15分ほどおき、水切りする。

❷ レタスは食べやすくちぎり、きゅうり、にんじん、焼き豚はせん切りにする。**A**は混ぜ合わせておく。

❸ 器にごはんを盛り、①の豆腐を手でちぎってのせる。野菜と焼き豚をのせ、**A**をかける。

副菜

こんにゃくと里いもの炒めみそ汁

【1人分】
66kcal
たんぱく質2.6g
塩分0.9g

材料（2人分）

こんにゃく…100g
里いも…2個
小松菜…80g
塩…適量
ごま油…小さじ1
だし汁…カップ2
みそ…小さじ2

作り方

❶ こんにゃくは手でちぎり、塩もみし、水で洗う。里いもは乱切りにして塩でもみ、洗ってぬめりをとる。小松菜は3㎝長さに切る。

❷ 鍋にごま油を熱し、里いも、こんにゃくを炒め、だし汁を加える。煮立ったら弱火にし、ふたをして約10分煮る。

❸ 小松菜を加えてさっと煮、みそを溶き入れてひと煮立ちさせる。

改めて学びたい料理の基本

シニアになって時間ができ、それまで家族に任せきりだった料理作りにチャレンジする人もいるのでは。料理の基本を改めて学んでみましょう。

火加減

炎の先と、鍋底が離れている状態。時間をかけた煮込み料理を作るときなどに使う。

炎の先が鍋底に当たる状態。最も多く使われる火加減。

鍋底全体にコンロの炎が勢いよく当たり、鍋底からはみ出さない状態。沸騰させるときや、炒めものを作るときなどに。

液体の量り方

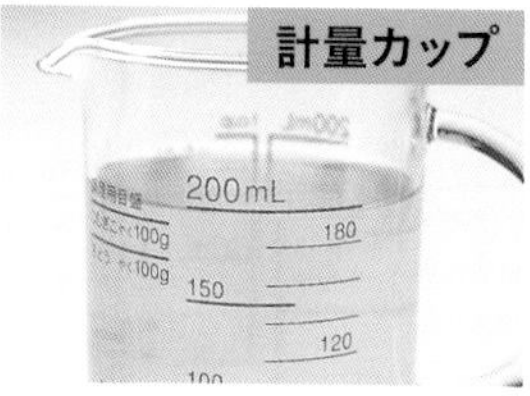

カップを平らなところに置き、真横から目盛りを見て量る。

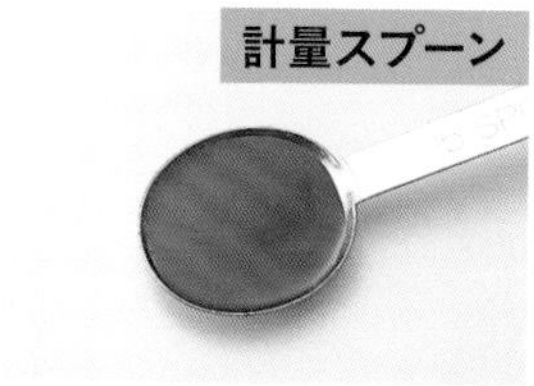

「1杯」は、液体をギリギリこぼれないところまで入れ、表面張力で盛り上がった状態。スプーンの底が丸いものの場合、「½杯」は見た目は⅔強の状態。

計量カップと計量スプーン

計量スプーンは、大さじ1=15mℓ、小さじ1=5mℓ。小さじ3=大さじ1となる。計量カップは、カップ1=200mℓ。ただし、炊飯器に付属のカップは1合=180mℓで容量が異なるので注意。

粉類（固体）の量り方

ふんわりと粉を入れ、底を軽く打ちつけて表面をならし、目盛りを見て量る。

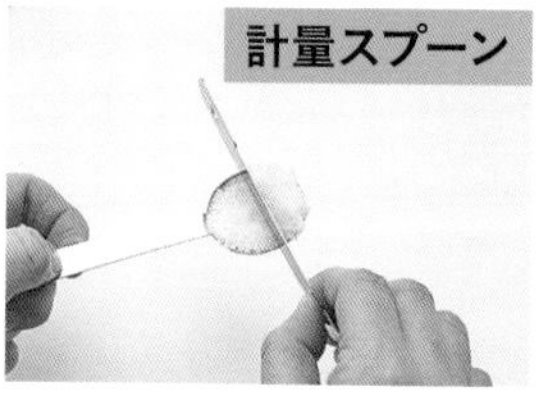

「1杯」は、山盛りにすくってから、スプーンの柄などで表面をすりきり、平らにした状態。「½杯」は、すりきりに量ってから、半分量を取り除く。

しょうが、にんにくの1かけ

しょうが1かけは、親指の先くらいに切った大きさで約10〜15g（チューブしょうがで代用する場合は約4〜5㎝）。にんにく1かけは、球根のようなかたまりの中の1つ（チューブにんにくで代用する場合は約2〜3㎝）。

少量・ひとつまみ

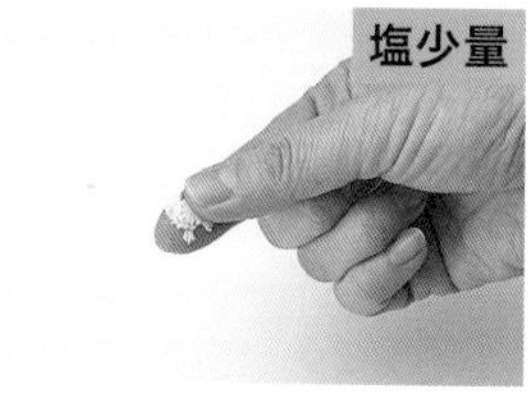

親指と人差し指で軽くつまんだ量。約0.6g、小さじでは⅒〜⅛くらい。

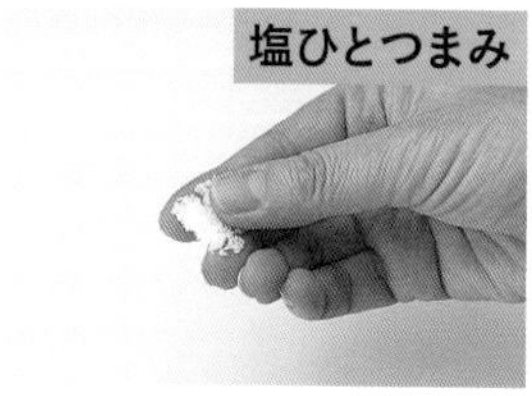

親指と人差し指、中指の3本で軽くつまんだ量。約1g、小さじでは⅕くらい。

野菜の切り方

「輪切り」は、切り口の丸い大根やにんじんなどを端から切っていく切り方。「半月切り」は輪切りを半分に切った状態。まず縦半分に切ってから、切り口を下にして端から切る。

輪切り

半月切り

短冊切り

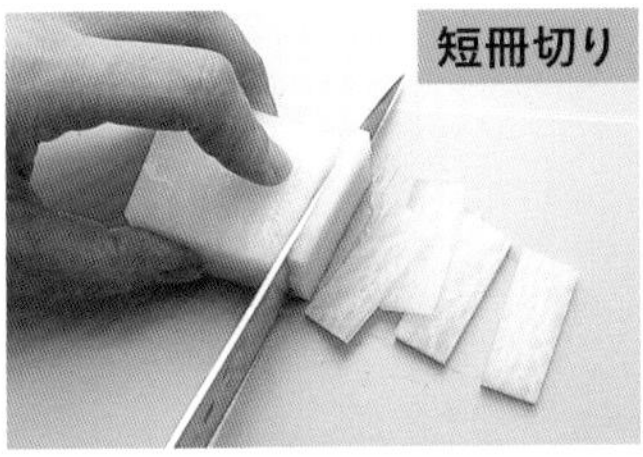

4～5㎝長さに切り、幅1㎝の板状に切ってから、端から薄切りにしていく。短冊の形に似ていることからこう呼ばれる。

くし形切り

トマトや玉ねぎなど球状のものを、縦半分に切って放射状に切り分ける。トマトは断面を上に、玉ねぎは断面を下にすると切りやすい。

みじん切り

材料を1～2㎜角に刻む方法。せん切りにしたものを揃えて置き、端から細かく刻む。粗めに刻むことを「粗みじんに切る」という。

せん切り

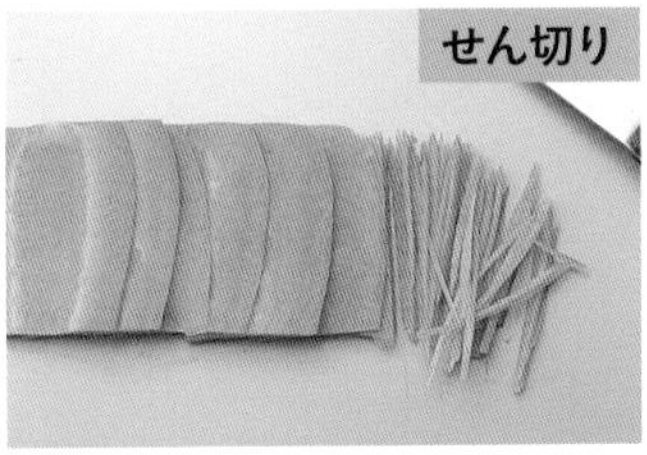

材料を細長く切る方法。根菜はまず薄切り（1～5㎜幅に薄く切る）にしてから端から切る。葉野菜は数枚重ねてから端から切る。

乱切り

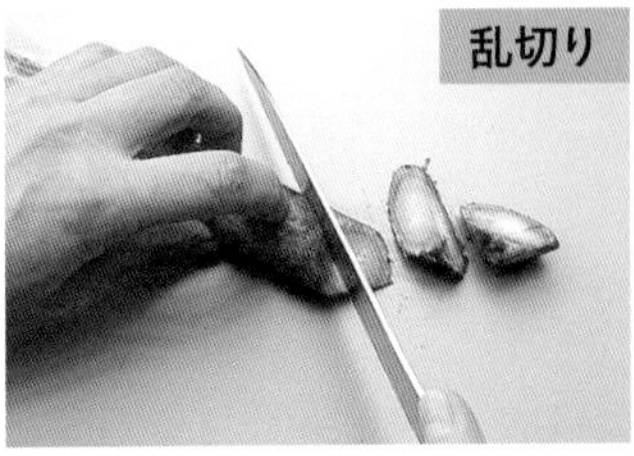

ごぼう、にんじん、なすなど、棒状のものをくるくる回しながら、食べやすい大きさに切っていく。大きさを揃えて切るのがコツ。

玉ねぎのみじん切り

縦半分に切り、切り口を下にして置き、根元をつけたまま縦に細かく切り込みを入れる。

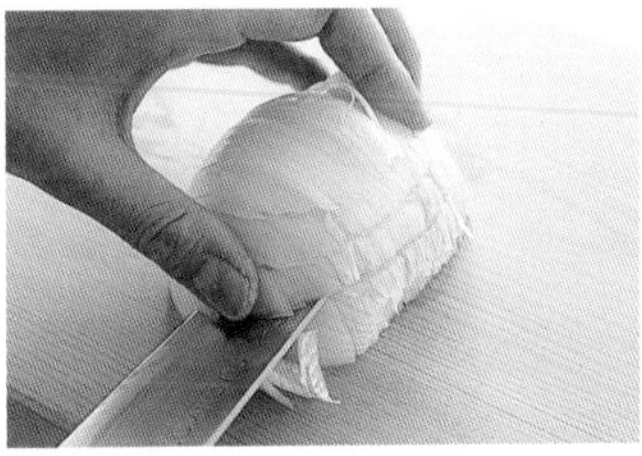

包丁を水平にし、横に切り込みを2～3か所入れる。切り目が広がらないように注意。

手で上をしっかり押さえ、端から細かく刻む。根元の部分も刻む。

早ワザ

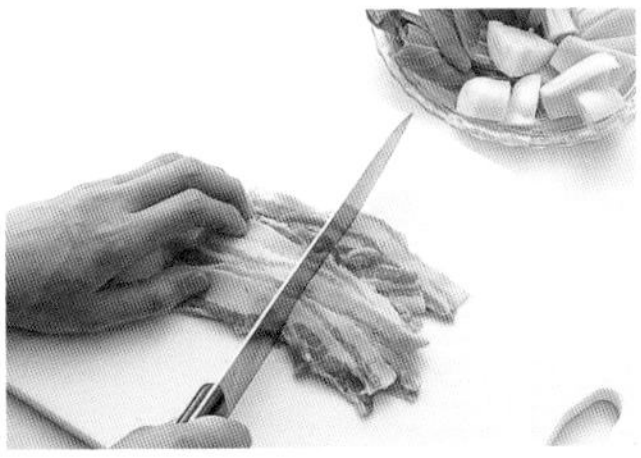

まな板は野菜→肉・魚へ

材料を切るときは、脂や臭みがつきやすい肉や魚は最後に。最初に野菜→肉・魚の順に切ると、まな板を洗う手間が減らせる。

肉の下ごしらえ

鶏むね肉のそぎ切り

厚みのある肉を、包丁の刃を寝かせて、そぐように薄く切る方法。薄く切ることで均等に早く火が入る。白菜の根元やしいたけを切るときにも。

ささみの筋を取る

中央にある白い筋を取り除く。まず筋の両側に切り目を入れてひっくり返し、利き手と逆の手で筋を持ち、包丁でしごくようにして取り除く。

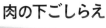

食材別索引

食材の項目内は五十音順です。

岩崎啓子

料理研究家、管理栄養士。料理研究家のアシスタント、保健所の栄養指導などを経て料理研究家として独立。栄養学をいかした、簡単に作れておいしく、からだにやさしい料理を提案している。『つくりおきできる お助けスープ』(家の光協会)、『せいろ蒸し大全』(河出書房新社)、など著書多数。

STAFF

装丁・デザイン／尾崎利佳(フレーズ)

編集／早田昌美

撮影／白根正治、鈴木泰介

料理スタイリング／深川あさり

校正／草樹社

シニア暮らしにちょうどいい２人分献立

2023年3月1日　第1刷発行

発行人　松井謙介
編集人　長崎　有
発行所　株式会社　ワン・パブリッシング
〒110-0005　東京都台東区上野 3-24-6
印刷所　大日本印刷株式会社

編集長　広田美奈子
編集　横山由佳

●この本に関する各種お問い合わせ先
内容や広告等のお問い合わせは、下記サイトのお問い合わせフォームよりお願いします。
https://one-publishing.co.jp/contact/

不良品(落丁、乱丁)については業務センター　Tel 0570-092555
〒354-0045 埼玉県入間郡三芳町上富279-1

在庫・注文については書店専用受注センター　Tel 0570-000346

本書は(株)学研プラスが刊行した『毎日の栄養がしっかりとれる健康ごはん献立』に
新たなレシピを加え、再編集したものです。